Le modèle suédois, un malentendu ?

60, boulevard Saint-Michel - 75272 Paris Cedex 06 - France
email : presses@ensmp.fr
http://www.ensmp.fr/Presses
ISBN : 978-2-35671-017-8
Dépôt légal : 2009
Achevé d'imprimer en 2009 (Paris)

Benjamin Huteau, Jean-Yves Larraufie

Le modèle suédois, un malentendu ?

COLLECTION LIBRE OPINIONS

Dans la même collection

Aurélie Bray, Soraya Thabet

Les phénomènes migratoires, un défi pour la France ?

Gilles Guerassimoff et Nadia Maïzi

Îles et Énergie

Thomas Houdré, Mathias Lelièvre

Délocalisations Acte II : Comprendre les délocalisations de services en France

Philippe Thaure

PECHINEY ? ... Vendu !

Sébastien Dessillons, Thomas Maurisse

Les nouveaux conquérants

Benjamin Fremaux, Clémentine Marcovici

Stratèges d'entreprises, fashion victims ou fashion leaders?

Oliver David, Adeline Fabre

Les Economies d'énergie dans l'habitat existant

Emmanuel Farhi, Nicolas Lambert

Les entreprises face à la politique européenne de la concurrence

Mourad Haddad et Arnaud Tomasi

Le haut débit : Un enjeu pour les collectivités territoriales ?

François Bordes, Gonzague de Pirey

La Belgique impertinente

Remerciements

Nous tenons ici remercier le Professeur Claude Riveline, qui nous a guidés pour la rédaction de cet ouvrage et dont les conseils avisés nous ont évités de nombreux écueils.

Que soient ici également remerciés la direction des corps techniques de l'État, l'Ecole des Mines de Paris pour leur soutien ainsi que l'AFSR (Association franco-suédoise pour la Recherche) pour l'aide à l'organisation de notre voyage en Suède au mois de février 2008.

Nous savons gré à la mission économique et l'ambassade de France à Stockholm, et tout à particulièrement Alexandre Defay, conseiller de coopération et d'action culturelle de leur disponibilité et de leur aide.

Nous n'oublions pas également d'associer à ces remerciements nos familles et nos fiancées respectives pour leur patience, leurs conseils et leur relecture de cet ouvrage

Enfin, nous adressons enfin notre reconnaissance à toutes les personnes qui ont accepté de nous consacrer un peu de temps pour échanger sur le modèle suédois, à Paris, Bruxelles ou Stockholm.

Benjamin Huteau et Jean-Yves Larraufie, Ingénieurs des Mines.

Résumé

Nous idéalisons bien souvent la Suède et les Suédois, fascinés que nous sommes par les solutions qu'ils mettent en œuvre lorsqu'ils sont confrontés aux problèmes que nous rencontrons.

Pourquoi le modèle suédois a-t-il émergé ? De quoi est-il constitué ? Et pourquoi toutes ces difficultés à en importer des solutions ? A travers l'étude entre autres de l'histoire, de la vie politique, des institutions et de la culture suédoises, nous tenterons dans cet ouvrage d'apporter des réponses à ces questions.

Nous verrons également que tout n'est pas si rose en Suède, et que celle-ci, comme la France, devra faire face à une remise en cause de son modèle du fait du vieillissement démographique, de l'immigration et de son appartenance à l'Europe : autant d'éléments qui constituent un défi pour ce pays, dont l'adaptabilité n'est plus à prouver, et qui continue malgré tout de nous fasciner. Au final, le modèle suédois ne serait il pas simplement un malentendu ?

INTRODUCTION

Annans ko har alltid större juver[1]

Le modèle suédois est l'un des produits médiatiques phares de ces dernières années. Il jouit en effet dans l'opinion générale d'une quasi idéalité conciliant miraculeusement équité sociale et libéralisme. Aussi nombre de journalistes et de politiques du monde entier vantent régulièrement la Suède et son modèle, à commencer par le premier ministre français François Fillon qui, lors de sa dernière venue à Stockholm le 27 novembre 2007, déclarait « *La Suède a l'habitude de voir venir des dirigeants du monde entier qui étudient ses réformes et son fameux "modèle suédois". D'ailleurs, moi-même, je n'ai pas manqué à cette tradition.* »

Ségolène Royal avait également fait un argument de campagne du modèle suédois : lors de son déplacement de deux jours en Suède en juillet 2006, elle déclarait alors «*Le modèle suédois est un modèle pour la France et pour de nombreux pays d'Europe. Nous aimerions réaliser ce qui est fait ici !* » Et d'expliquer que la France doit créer son propre

---

[1] L'herbe est toujours plus verte dans le pré du voisin, proverbe suédois

modèle social en recueillant des informations chez nos voisins nordiques. Le Sénat français n'est pas en reste puisqu'il a fait paraître en juillet 2007 le rapport « Réformer la protection sociale : les leçons du modèle suédois » des sénateurs Vasselle et Cazeau, qui tente de tirer des enseignements de la situation en Suède.

Et tout récemment, Jacques Attali a plébiscité la Suède dans son rapport sur la libération de la croissance[2], puisqu'il ne la cite pas moins de vingt-quatre fois ce qui en fait le troisième pays le plus cité juste derrière les États-Unis et l'Angleterre.

Mais si justement ces modèles anglo-saxons sont dits « efficaces mais plein d'inégalités », si le modèle japonais et le capitalisme rhénan ne semblent pouvoir marcher « que dans leur contexte culturel vraiment très particulier », le modèle suédois apparaît sans tache, parvenant à susciter un intérêt extraordinaire[3] en dépassant les méfiances

Pour un pays de neuf millions d'habitants, sans aucune frontière commune avec la France qui plus est, c'est réellement un authentique exploit que de susciter autant d'attention. Notre imaginaire est peuplé de politiques sociales pionnières, de réformes audacieuses, de politiques pragmatiques et consensuelles et la société suédoise représenterait des sources d'inspirations, des gisements de réponses aux tensions qui se créent aujourd'hui dans l'hexagone.

Mais connaissons-nous réellement la Suède ?

---

[2] Rapport sur la libération de la croissance française, Commission pour la libération de la croissance française, 23 janvier 2008

[3] Parmi la profusion d'ouvrages sur le modèle suédois, citons par exemple les ouvrages récents : « le rebond du modèle scandinave » de Marie-Laure le Foulon (2006, aux éditions lignes de repères) ou « le modèle suédois : ce qui attend les français » de Magnus Falkehed (2005, aux éditions Payot-Rivages)

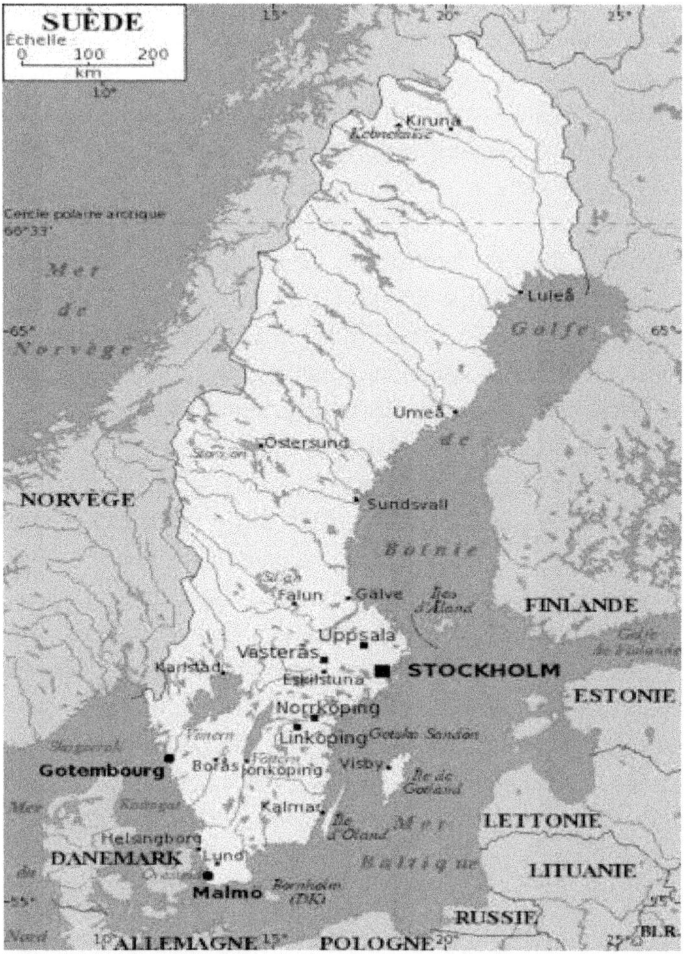

Fig. 1 : Carte de la Suède

Quelques données pour commencer

Avec ses 449 964 km^2, la Suède est le troisième pays le plus grand d'Europe de l'Ouest, juste derrière l'Espagne (la France occupant la première position). Sa position septentrionale, au dessus du 55ème parallèle, en fait un des pays les plus au nord du monde. Elle s'étend sur un peu plus de 1500 kilomètres du nord au sud alors que sa largeur n'excède pas 500km. Séparée de la Norvège, à l'ouest, par une chaîne de montagnes, et elle partage avec la Finlande le golfe de Botnie, au nord de la mer Baltique.

Recouverte à 53% de forêts, 11% de montagnes, et 9% de lacs et rivières, elle ne compte que 8% de terres cultivées[4] et une population totale de 9,1 millions aujourd'hui, située à 85% dans la partie sud du pays. Ainsi la Suède possède une faible densité de population en moyenne (22 hab/km) avec des variations extrêmement fortes.

Comme le pays est peu hospitalier, on ne s'étonne pas de trouver un taux d'urbanisation de 84 %, alors que les villes n'occupent que 1,3 % du territoire. En fait, le triangle Malmö - Göteborg – Stockholm et la bande côtière de la baltique sont les zones à plus forte densité. Ces trois grandes villes : Stockholm (1,9M d'habitants), Göteborg (879 000), Malmö (604 000), représentent le cœur économique du pays. Ensuite viennent des villes de taille moyenne comme Uppsala, Linköping ou Vasteras dont la population ne dépasse pas 200 000 habitants. Au total, 90% des Suédois vivent dans des localités de plus de 2 000 habitants.

La Suède a longtemps été un pays ethniquement homogène. Le suédois, de racine germanique, est la langue maternelle de quasiment

[4] « La Suède est un pays stérile et pauvre » écrivait Voltaire dans *Histoire du règne de Charles XII*

toute la population (96%). Le finnois (3%) et le sami (1%) sont également parlés, principalement dans le nord et l'est du pays.

L'église d'État, luthérienne, qui datait du synode d'Uppsala (1593) a marqué d'une empreinte profonde la Suède, et ce jusqu'à récemment, même si les églises sont désormais assez vides le dimanche. De nombreux membres du clergé ont participé à la vie politique locale ou nationale, avec des pasteurs au gouvernement y compris durant la seconde moitié du 20ème siècle, et l'église a seulement été séparée officiellement de l'État suédois en 2000 (les tractations pour séparer l'église de l'État dataient cependant de 1950).

Aujourd'hui, la composition ethnique et religieuse de la population a évolué, puisque aujourd'hui près de 12% des résidents sont nés à l'étranger (parmi lesquels 60% de scandinaves des pays voisins) Il existe également deux minorités autochtones : un groupe de 30 000 personnes de langue finnoise le long de la frontière finlandaise et les Sami, éparpillés dans tout le nord de la Suède : ils sont 15 000 en Suède et 60 000 au total si on compte ceux qui se trouvent en Norvège, Finlande ou Russie.

L'espérance de vie des Suédois est l'une des plus élevée au monde, puisqu'elle atteint 79 ans chez les hommes et 83 ans chez les femmes. Le taux de fécondité, passé en dessous du seuil de renouvellement en 1969, demeure l'un des plus hauts d'Europe à 1,8, tout comme l'âge moyen des femmes à la maternité (30,1 ans). Le solde migratoire est lui positif et de 3,2 pour 1000 en 2004. Au final, les prévisions font état d'une population totale de 10 millions de Suédois en 2030.

Si le pays était encore pauvre en 1850[5] il a atteint en 2006 un PIB/habitant (PPA) de 33 200€ (9ème rang mondial) contre 28 088€ pour la France (18ème rang).

---

[5] Le PIB/habitant de la Suède en 1850 était environ la moitié de celui du Royaume-Uni ou des Pays-Bas, d'après : L'économie mondiale, statistiques historiques, Angus Maddison, OCDE 2003.

Des premières critiques infondées

Nous avons écrit en introduction que le modèle suédois dans l'opinion publique internationale ne faisait pas l'objet de critiques, mais ce n'est pas tout à fait vrai. En effet, si on loue toujours le modèle suédois sur le fond, le mode de vie des Suédois est souvent dédaigné. On raconte ainsi que les Suédois se suicident beaucoup, à cause de l'insupportable nuit polaire et du peu de fantaisie de la vie sur place. Or, d'après Eurostat, les chiffres montrent qu'en 2006, sur 10 000 personnes le nombre de suicides est de 44 en Lituanie, 16,8 en France et 12,7 en Suède. Cette rumeur aurait en fait été lancée par Dwight D. Eisenhower qui a déclaré en 1960: "Péché, Nudité, Alcool et Suicide sont dus aux excès de l'État providence suédois». Si le lien causal avec la politique de bien-être fut rapidement oublié, la réputation suicidaire de la Suède devait faire le tour du monde.

L'alcool est par ailleurs beaucoup cité, à l'instar d'Eisenhower, pour montrer à quel point le modèle suédois possède des côtés sombres. On évoque ainsi Vin & Sprit, société nationalisée à 100%, jusqu'à sa récente vente à Pernod Ricard, qui réalise des bénéfices incroyables grâce à la vodka Absolut, ainsi que les baisses des taxes sur l'alcool en Finlande et au Danemark qui auraient entraînées une augmentation significative du nombre de voyages entre la Suède et ces pays. Notons d'abord que l'alcoolémie autorisée au volant (0,2g/l contre 0,5 en France) limite a priori la consommation. D'autant que si on est contrôlé avec plus de 0,2g/l d'alcool dans le sang, on a le choix entre prison et bracelet électronique, et le permis est immédiatement supprimé ! En outre, un rapport de la commission européenne[6] montre que si en une année le

---

[6] L'alcool en Europe : une approche en santé publique, Anderson P, Baumberg B, juin 2006

Français avale près de 12,3l d'équivalent d'alcool pur, le Suédois plafonne à 6,9l pour une moyenne européenne de 10,7l.

Ces faux préjugés dissipés, nous allons tout d'abord tenter de comprendre comment le modèle suédois a émergé et pourquoi il constitue un modèle. Ses résultats triomphaux dans les classements internationaux ne suffisent pas à expliquer cet intérêt : il nous semble qu'autre chose est à l'œuvre et explique notre fascination pour ce pays

Nous verrons ensuite dans une seconde partie quels sont les fameux ingrédients du modèle suédois et évoquerons les succès qu'il a obtenus et qui sont souvent mis en avant par les ouvrages qui lui sont consacrés.

Nous verrons que notre intérêt envers le modèle est tout sauf récent, et qu'il semble bien qu'il ne soit pas si facile d'importer en France les solutions suédoises car elles relèvent d'un malentendu.

*

1. Pourquoi la Suède est-elle un modèle ?

A. Des classements flatteurs

La Suède occupe dans tous les palmarès internationaux une place de choix. Ainsi, en termes de compétitivité (Global Competitiveness Index 2007-2008 du World Economic Forum), elle se place en 4ème position (la France est 18ème) et n'a pas quitté le quinté de tête depuis 2002. Cet indice, lui-même composite de plusieurs indices, montre l'excellence de la Suède dans des domaines aussi variés que le fonctionnement du marché du travail, les infrastructures, ou encore l'éducation supérieure. La Suède, au milieu des autres pays nordiques, est donc une des économies européennes des plus compétitives. Mais ce qui est remarquable avec la Suède, c'est que quel que soit le domaine auquel on s'intéresse, le pays figure toujours parmi les meilleurs, démontrant ainsi une constance et une excellence forcément enviable. Nous avons choisi de présenter ici quelques classements qui montrent cet état de fait et qui confirment nos dires.

Global Competitiveness Index 2007-2008	
Country/Economy	Rank
United States	1
Switzerland	2
Denmark	3
Sweden	4
Germany	5
Finland	6
Singapore	7
Japan	8
United Kingdom	9
Netherlands	10

Fig. 2 : Global Competitiveness Index 2007-2008 (Source : World Economic Forum)

Ainsi, si l'on parle de performance environnementale, c'est-à-dire de confrontation entre situation environnementale et engagements pris par le pays dans le cadre de textes officiels de niveau international ou national, on retrouve la Suède au troisième rang mondial derrière la Norvège et la Suisse. Les Suédois ont effectivement un rapport à la nature tout particulier ; il suffit de se rendre à Stockholm pour comprendre l'importance de ce lien : tri sélectif poussé à l'extrême (plus de dix poubelles différentes parfois : verre brun, verre blanc, verre teinté, déchets organiques, ...), habitat aux normes environnementales les plus avancées... D'ailleurs, la Suède a annoncé récemment qu'elle allait dans un délai de vingt ans se passer complètement des carburants importés et mettre en service des unités de traitement du bois pour produire des biocarburants. Chaque automobiliste devra avoir une alternative à l'essence, et plus aucune maison ne devra être chauffée au fioul ![7]

[7] Le réchauffement climatique avait d'ailleurs été décrit pour la première fois par un scientifique suédois Arrhenius en 1903, celui-ci le percevant comme très bénéfique pour son pays étant donné la rigueur des hivers.

Le respect de la démocratie, à laquelle s'intéresse le journal *the Economist* à travers son *Democracy Index*, est également un lieu d'excellence suédoise (elle en occupe la première place). La Suède apparaît également comme le pays « plus à l'écoute de ses citoyens » et également comme un des pays les moins corrompus du monde[8]. Le citoyen suédois perçoit l'État comme une entité proche, accessible et sur laquelle il peut compter et qu'il peut contrôler.

Dans un tout autre domaine, le bien être des mères est lui aussi mesuré et classé par l'organisation « Save the children » à travers le *Mother's index*. Dans un pays où toutes les infrastructures ont été mises en place pour que les femmes avec enfants puissent travailler en parallèle, avec un accès aisé à la crèche, à l'éducation et au travail à temps partiels pour les femmes, ainsi qu'à un respect quasi religieux de la parité dans les instances de gouvernance, le résultat de la Suède n'est en fait pas non plus une surprise, même si un lobby féministe que nous avons rencontré nous a expliqué que les entreprises étaient encore trop largement « *male-oriented* ». La France n'apparaît qu'en 13ème position de ce classement.

Top Ten

Rank	Country
1	Sweden
2	Iceland
2	Norway
4	New Zealand
4	Australia
4	Denmark
7	Finland
8	Belgium
9	Spain
10	Germany

Fig. 3 : Mother's Index 2006

Enfin, lorsqu'on s'intéresse au niveau de développement d'un pays, la mortalité infantile est censée souvent analysée car elle est supposée

8 Même sil apparaît au vu des affaires de corruption récentes (affaire Skanska en Argentine par exemple) que les groupes suédois à l'étranger ne se comportent pas mieux que les autres.

traduire assez bien le niveau d'infrastructure dans le domaine de la santé ainsi que le niveau de vie des personnes : le fait que la Suède réussisse à obtenir le deuxième taux le plus bas au monde, juste derrière Singapour qui est un cas un peu particulier, est là aussi un fort indicateur de développement.

Classement	**Taux de mortalité infantile (nb decès/ 1000 naissances)**
1. Singapour	2,3
2. Suède	2,75
3. Japon	2,8
4. Hong Kong	2,93
5. Islande	3,25
6. France	3,36

Fig. 4 : Taux de mortalité infantile 2005 (source : CIA World Factbook)

D'ailleurs, en 2005, derrière d'autres pays nordiques comme l'Islande ou la Norvège, la Suède occupait la 6ème place de l'indice de développement humain (IDH) du programme des Nations Unies pour le développement qui en plus du PIB/habitant agrège, entre autres, l'espérance de vie et le niveau de formation. La France atteignait dans ce classement la 10ème place.

Les classements présentent donc la Suède comme un pays « optimal », au moins du point de vue des statistiques. Dans notre étude, nous n'avons pas trouvé un seul classement qui soit réellement défavorable à la Suède !

Dès lors, nous ne nous sommes pas étonnés de la retrouver largement en tête du classement mondial du bonheur humain 2007, publié par Globeco, en compagnie de la Norvège, et bien devant les autres pays.

1 – NORVEGE	102
2 – SUEDE	110
3 – PAYS BAS	170
4 – DANEMARK	171
5 – AUSTRALIE	185
6 – CANADA	195
7 – FINLANDE	199
8 – ROYAUME UNI	208
9 – IRLANDE	214
10 – SUISSE	221

Fig. 5 : classement 2007 mondial du bonheur humain (OCDE)

On comprend au vu de ses classements exceptionnels l'intérêt que la Suède peut susciter dans la classe politique des pays moins bien classés. Mais la Suisse est par exemple également en tête de beaucoup de classements, y compris là où on ne l'attendrait pas forcément comme l'innovation, et pourtant le « modèle suisse » ne fait pas recette en France. Il ne suffit pas d'une supériorité statistique pour assurer le prestige d'un pays. Il est évident qu'il a fallu d'autres facteurs pour ancrer durablement le modèle suédois dans les esprits.

B. UN IMPACT CULTUREL FORT

Un premier élément de réponse est que notre imaginaire est fortement marqué par les pays nordiques. Un exemple parmi tant d'autres : la publicité du Printemps, affichée partout dans Paris durant l'hiver 2007, intitulée Noël nordique.

Cette affiche mobilisait beaucoup de symboles : le blanc, la glace : c'est la pureté, mais aussi la dureté du climat et des paysages.

Fig. 6 : Affiche publicitaire du Printemps (Hiver 2007)

La fourrure, c'est le produit par excellence qu'ont commercialisé les scandinaves pendant des siècles avec le reste de l'Europe. La femme, seule dans ce paysage avec son traîneau et sa lanterne, rappelle l'univers des contes et des sagas, des trolls, des elfes et des enchanteurs, d'autant plus que l'aurore boréale en arrière plan renforce cette impression de magie.

Ainsi, les publicitaires ont pu, dans une simple affiche, convoquer de très nombreux symboles immédiatement disponibles dans notre esprit. En fait dès qu'on évoque l'univers suédois, et plus largement scandinave, sa géographie boréale, ses mythes et sagas (l'Edda (ensemble de poèmes mythologiques rassemblés dans un manuscrit du 13ème siècle), la saga de Sigurdr, le Siegfried wagnérien...), son histoire et ses légendes (avec ces vikings sur leur drakkar, terribles guerriers dont le souvenir funeste nous vient de nos aïeuls, et qu'on imagine buvant de l'hydromel dans le crâne de leurs ennemis), notre imaginaire se met en marche.

Nos représentations des Suédois font peser un poids majeur à la géographie : distances infinies, rudesses, grandeur et monotonie du paysage, tout cela parait forger un tempérament marqué par l'énergie, la force de vie, le sens de la solidarité mais aussi la mélancolie, la dépression et le mutisme.

A cette catégorie tellurique viennent s'ajouter des éléments fondés sur l'histoire et la vie sociale : on loue le paysan, homme droit, simple et rude, la femme au courage exemplaire, aux droits reconnus et à la beauté blonde, la famille royale simple et bonhomme, le prolétaire sage, respectueux et travailleur.

On a aussi des influences culturelles directes très modernes, dont les films de Bergman, les œuvres de Strindberg sont des exemples célèbres, avec leurs grandes beautés blondes du nord, les tourments de la vie familiale, les pesanteurs de la vie sociale.

Au final se dégage l'image d'un bonheur primitif, simple, où l'individu et la société se définiraient par un idéal d'équilibre et de mesure, capables de relever les défis de l'environnement et à développer les ressources de la société. Mais il y a un revers de la médaille : la solitude, l'angoisse existentielle, la pesanteur sociale et les tourments intérieurs.

C. L'EXCELLENCE SUEDOISE

En sus des éléments culturels précédents, la Suède projette à l'extérieur une image d'ordre, d'efficacité pragmatique et de performance qui rend absolument crédibles tous ses bons classements internationaux.

C'est vrai de la personnalité des Suédois : citons par exemple Régis Boyer[9] décrivant l'homme scandinave :

---

[9] Régis Boyer, L'homme scandinave, Clio, septembre 2002.

« Sous ces latitudes, le farniente n'est guère plus possible que l'hédonisme, l'énergie, l'exercice physique notamment – ski, marche, orientation – sont de rigueur, le dynamisme et le culte de l'action vont en quelque sorte de soi. Là où l'inclémence des éléments exige une lutte incessante, la survie ne peut aller sans un goût indispensable de l'ordre. [...] De là vient un réalisme, un pragmatisme qui n'ont rien de littéraire. Ces peuples sont férus de technique – sans doute le maître mot de ces tempéraments – parce qu'il importe au premier chef de dominer une nature revêche. A contrario, la théorie abstraite, le génie de la synthèse plus ou moins absconse ne sont pas la règle. [...] »

C'est également vrai des produits qu'ils nous vendent : le *Made in Sweden* véhicule une image de grande qualité. C'est particulièrement le cas pour les automobiles Volvo, longtemps gages d'une solidité à toute épreuve.

Enfin, au plan symbolique, la remise annuelle en grande pompe du prix Nobel à Stockholm, qui consacre la Suède et son comité Nobel (composé exclusivement de Suédois) comme les détenteurs incontestables de la reconnaissance de l'excellence universelle, joue probablement un très grand rôle au niveau de l'image que le pays renvoie.

D. L'IMPACT DE LA POLITIQUE ETRANGERE

La neutralité farouche de la Suède depuis la fin des guerres napoléoniennes, son non-alignement durant la guerre froide et son altruisme tiers-mondiste marqué par des gestes politiques forts (soutien au Nord Vietnam, abstention lors du vote à l'ONU en 1951 sur la responsabilité de la Chine dans la guerre de Corée, condamnation de l'action soviétique à Budapest et à Prague, soutien à l'émancipation des peuples colonisés comme la Guinée-Bissau et le Cap-Vert, aux mouvements des populations noires en Rhodésie et Afrique du sud, accueil d'un très grand nombre de réfugiés politiques du Chili, du Liban, d'Iran, d'Irak...) ont largement contribué à donner de la Suède une image pacifiste, généreuse, ce qui a probablement joué un rôle important dans le succès international du modèle suédois.

E. La ressemblance avec la France

Enfin, un élément du succès du modèle suédois en France est propre à notre pays : la France partage avec la Suède un État providence très présent et protecteur. Du coup, quand nous contemplons leur succès, nous nous exclamons : voici un modèle où l'économie est très compétitive alors que les pouvoirs publics sont forts et pèsent d'un poids majeur dans l'économie, voici un modèle très protecteur où les dépenses sociales sont très élevés qui semble aussi performant que le modèle anglo-saxon !

Nous sommes donc enclins à penser que leur réussite est la matérialisation du succès d'une "troisième voie" différente du libéralisme à l'anglo-saxonne, plus en rapport avec notre tradition. C'est alors que le modèle suédois peut devenir un alibi : puisqu'ils sont performants et qu'ils nous ressemblent, c'est donc que nous n'avons pas besoin de « révolutionner » la France pour la remettre en marche.

2. En quoi consiste le modèle suédois ?

Tous les éléments décrits précédemment n'expliquent qu'en partie pourquoi la Suède à travers son modèle a pu acquérir une renommée extraordinaire.

C'est la définition elle-même du modèle suédois qui, telle une formule magique, rassemblant les multiples facettes de ce pays en une idée simple et prometteuse, a catalysé l'intérêt du monde entier : le modèle suédois incarne la synthèse du capitalisme et du socialisme, la troisième voie, la résolution pragmatique des conflits entre économie de marché performante et protection sociale des citoyens.

Quelle que soit la longueur des développements savants que peuvent faire les écrivains, journalises et hommes politiques qui parlent, écrivent et traitent du modèle suédois, c'est cette idée simple qu'ils ont en tête, qui les fascine et qu'ils s'efforcent d'analyser.

Avant d'entrer dans les détails du modèle suédois, nous voudrions donner au lecteur quelques éléments historiques très rapides sur la Suède, afin de faciliter la compréhension de la suite de cet ouvrage.

Quelques éléments de contexte

La Suède a des traditions parlementaires anciennes, mais l'achèvement de la mise en place d'un régime démocratique moderne, avec gouvernement responsable devant l'assemblée élue au suffrage universelle remonte aux années 1920.

C'est entre les années 20 et la seconde guerre mondiale que le modèle suédois, sous la houlette du parti social-démocrate devenu rapidement majoritaire, s'est mis en place. La Suède a réussi à conserver sa neutralité durant la seconde guerre mondiale, puis a connu, comme tous les pays européens, trente années de forte croissance, durant laquelle l'État providence suédois s'est énormément développé. La Suède a plutôt bien résisté aux chocs pétroliers, en revanche, après des signes avant-coureurs dans les années 80, elle a connu une crise profonde au début des années 90, avec un déficit budgétaire dépassant les 15% du PIB, et des dévaluations très importantes (près de 30% en 1993). Cette crise a beaucoup marquée les Suédois, et a conduit le pays depuis le milieu des années 90 à réformer profondément son modèle. Aujourd'hui, la situation des finances publiques a été remarquablement assainie, et l'économie suédoise se porte très bien.

A. LA TROISIEME VOIE

Le modèle suédois fut mis en place progressivement au cours du vingtième siècle sous la houlette du parti social-démocrate, omniprésent dans la vie politique suédoise comme on le verra par la suite. Il repose sur un secteur productif privé performant, considéré par le parti social-démocrate comme le système le plus à même de garantir la prospérité. Ensuite, les fruits de la croissance sont partagés entre augmentation de revenus et large redistribution par l'intermédiaire d'une fiscalité élevée finançant les biens publics et des garanties sociales généreuses.

Ainsi, le modèle prétend combiner deux caractéristiques jugées généralement inconciliables : d'un côté de fortes garanties face aux risques de la vie, des aides sociales très généreuses dans des domaines comme l'éducation et le logement, et d'un autre côté, très peu d'entraves dans le jeu de la libre concurrence. C'est dans l'apparente résolution de cet oxymore que repose le succès international du modèle suédois.

Beaucoup d'observateurs sont d'ailleurs très étonnés qu'en dépit de désavantages économiques apparents (impôts très élevés, faibles écarts de salaires imposés par des négociations salariales interbranches centralisées...), les résultats macroéconomiques restent durablement bons.

Pour obtenir ces résultats, la Suède a réussi à trouve un équilibre entre la préservation du modèle d'État providence auxquels les habitants sont culturellement attachés, mais qui pèse lourd sur la société, et un basculement vers une rupture des solidarités et la mise en place d'un système d'assurance individuelle à l'américaine. Pour maintenir l'équilibre, l'État est contraint de justifier en permanence l'effort fiscal considérable qu'il fait supporter à sa population, et en retour les citoyens se montrent particulièrement vigilants sur l'utilisation de leurs deniers. À l'avenir comme par le passé, les administrations seront jugées sur leur capacité à jouer leur rôle d'assurance, en garantissant le plein emploi et en garantissant des retraites décentes, et sur leur capacité à assurer des services publics de qualité croissante. En cas de crise ou d'échec, le consentement à payer pourrait décliner, et l'État devra réduire sa prégnance sur l'économie.

1. *L'originalité de la Suède ?*

Ces évolutions depuis soixante ans de la Suède sont dans leurs grandes lignes assez similaires à celles que l'ont a connu partout ailleurs en Europe occidentale : depuis la seconde guerre mondiale jusqu'aux années 80, les États ont été amenés à intégrer toujours de nouvelles fonctions, et les dépenses publiques à grossir en terme de % de PIB. Depuis, le contexte occidental de moindre croissance, la moindre pression à la baisse des salaires (du fait de la fin de l'exode rural), et la charge jugée excessive imposée par l'État sur les citoyens ont initié un mouvement de recul du poids de l'État, en utilisant les différents leviers présentés au paragraphe précédent.

De la même manière, la philosophie des réformes mises en œuvre depuis la crise des années 90 n'est pas particulièrement originale : sur la réforme des lois budgétaires, mises en œuvre en Suède au début des années 90, le Canada, la Nouvelle-Zélande, et même la France avec la LOLF vont dans la même direction. Sur tous les autres sujets (réforme de l'administration, privatisations des grands réseaux...), nombreux sont les pays à aller dans le même sens que la Suède.

En fait, les mouvements de fond qui structurent la Suède à moyen et long terme sont les mêmes que ceux qui agitent les autres nations européennes.

En réalité, ce n'est pas tant dans les tendances lourdes que dans la nature et l'ampleur des politiques menées, dans la manière de définir et de choisir collectivement ces politiques, et dans les fondamentaux culturels dans lesquels elles s'enracinent qu'on peut dégager une originalité profonde de la Suède.

Encore plus essentiellement, par-delà un ensemble de pratiques instrumentales s'il y a modèle suédois, c'est qu'il existe un rêve partagé par les Suédois, de la même manière qu'existe depuis des siècles un rêve américain.

Un grand nombre de Suédois partagent le sentiment de vivre dans la meilleure forme de société au monde (D'après l'Eurobaromètre 2006, 94% des Suédois se déclarent très satisfaits de leur qualité de vie). Ce sentiment est sous-tendu par une croyance très forte en le progrès et en la modernité. Ce rêve collectif permet au modèle de ne pas être un schéma figé, mais l'expression plusieurs fois refondée d'une stratégie nationale de consensus social, exprimée et pérennisé dans le champ politique par la social-démocratie. François-Régis Bastide le reconnaît *«Ce qui est extraordinaire, ce n'est pas le système, mais le sentiment qui porte le système, le valorise. La prospérité sociale de la Suède s'exprime moins par des chiffres que par une spécialité suprême : la foi en l'homme moderne »*[10].

2. Impact du modèle suédois sur la Suède

L'intérêt des étrangers pour un modèle suédois spécifique, au service d'une politique emprunte de démocratie sociale est devenu lui même un ingrédient essentiel de l'auto compréhension suédoise. Les deux stéréotypes sont alors en perpétuelle interaction.

Ainsi en Suède, l'image de soi construite dans les années 1930 d'une Suède protestante, progressiste, et axée sur les travailleurs rassure face à la vision d'une Europe catholique, conservatrice et centrée sur le capital (qu'ils nommeront, comme les Anglais un peu plus tôt, et de manière similairement dédaigneuse, *le continent*). Au fil du temps, les Suédois, et dans la foulée les Nordiques, vont se convaincre, et réussir à convaincre le reste du monde qu'ils sont les dépositaires d'un mètre étalon du bien-être social.

3. Modèle suédois ou modèle nordique ?

Si le sujet de cet ouvrage est bien le modèle suédois, la proximité de ce pays avec ses voisins nordiques est telle qu'on a pu souvent parler du modèle nordique, et dans bien des domaines en effet, il est souvent plus

---

[10] Suède, François-Régis Bastide et Guy de Faramond, Seuil, 1954

légitime de parler d'expérience nordique ou scandinave plutôt que de l'attribuer à l'un ou l'autre des pays de cette zone. C'est pourquoi, avant de revenir au modèle suédois, nous voudrions faire le point succinctement sur ce qui rapproche les pays nordiques, mais également sur leurs spécificités nationales.

Jusqu'à leur histoire récente, les pays nordiques ont été très homogènes entre eux, culturellement, historiquement, ethniquement, linguistiquement (l'intercompréhension entre suédois, norvégiens et danois est assez aisée) et religieusement. La proximité géographique a toujours engendré des interactions fortes, et la similarité de leur environnement les a conduits à vivre de façons très proches. Mais la raison principale de leur proximité culturelle est politique : la Finlande fit partie de la Suède jusqu'en 1809, la Norvège du Danemark entre 1412 et 1814, puis fut intégrée à la Suède jusqu'en 1905, et de 1397 à 1523, Norvège, Danemark et Suède furent gouvernés par la même monarchie au sein de l'union de Kalmar. Toutes ces interactions entre États ont façonné une même matrice politique, administrative et juridique. Les organisations sociales, religieuses, les coutumes ont de très nombreux traits communs. C'est en ce sens que la question d'un modèle nordique de développement est pertinente.

De manière plus chiffrée, on retrouve bien souvent dans les comparaisons internationales une singularité nordique.

Par exemple, dans cette étude[11] de la DGTPE de juin 2006 sur les marchés du travail, les auteurs distinguent trois groupes de pays :

---

[11] Caractéristiques des marchés du travail dans les pays de l'OCDE, Romain Bouis, Jean-Paul Renne, DGTPE, Diagnostics prévisions et analyses économiques, n°111, Juin 2006.

-les pays anglo-saxons à risques élevés (faibles taux de remplacement (calculé à partir des probabilités de chômage et des niveaux d'indemnités en cas de chômage) et revenus élevés
-les pays d'Europe continentale (dont la France) à risque faible et revenu faible
-les pays nordiques à risques faibles et revenus élevés

Autre exemple dans un domaine très différent, la Commission européenne place tous les pays nordiques étudiés (Suède, Finlande et Danemark) dans le groupe des leaders de l'innovation :

FIGURE I: SII AND TRENDS

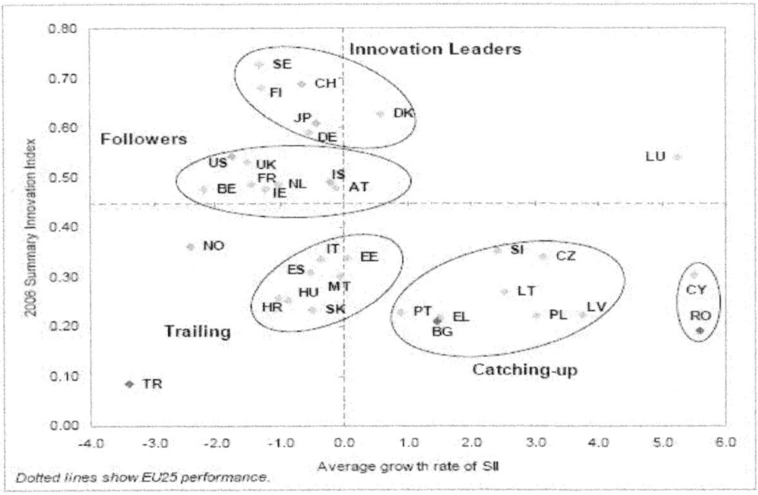

Fig. 7 : Summary Innovation Index 2006 (source : Commission Européenne)

On pourrait multiplier les exemples à de très nombreux autres domaines.

Au-delà des chiffres, les attributs d'un modèle nordique se retrouvent dans les cinq pays nordiques : prédominance politique depuis soixante-dix ans des partis sociaux-démocrates, présence d'un État providence fort financé par une imposition élevée, ensemble d'institutions et de politiques relatives au marché du travail assez originales qui peuvent être vues comme résultant d'une forte aversion au risque de la population (syndicats puissants, forts investissements dans le capital humain (politiques actives de l'emploi, éducation), priorité des politiques en faveur du plein-emploi) ainsi qu'un attachement important au libéralisme, caractérisé par exemple par la dérégulation précoce des grands réseaux (poste, chemins de fer, télécoms), ou par les bons classements internationaux sur l'efficacité de l'économie (Le Danemark est 5ème au classement "ease of doing business" de la Banque Mondiale, et la Suède et la Finlande 13ème sur 180 pays). En outre, Danemark, Finlande et Suède sont tous parmi les 6 premiers du *Competitiveness Index* du World Economic Forum cité un peu plus haut…

Il convient bien sûr de faire quelques distinctions entre les pays : le modèle danois est connu pour sa « flexisécurité », le finlandais pour son mélange de TIC, de très haut niveau d'éducation de sa population ; et le suédois, le plus célèbre, dont on loue la culture de négociation.

Le modèle suédois fut mis en place par le parti social-démocrate, et ce parti à tant imprégné la culture politique suédoise que « modèle suédois » et « social-démocratie à la suédoise » sont aujourd'hui pratiquement parfaitement synonymes. C'est pourquoi nous allons nous intéresser dans la partie suivante à la vie politique suédoise et à cette fameuse social-démocratie.

B. LA VIE POLITIQUE SUEDOISE

L'originalité de la vie politique suédoise pour l'observateur français est sa stabilité.

1. Les partis politiques suédois

Stabilité des partis en place d'abord : le système politique de référence de tous les pays nordiques et de la Suède en particulier est depuis les années 20 un système à cinq partis politiques.

Ils se sont constitués de la manière suivante : jusqu'en 1970, c'est la constitution de 1809 qui s'est appliquée en Suède. Elle réservait d'importants pouvoirs exécutifs au roi, qui devait cependant les exercer avec l'accord de son gouvernement. Le monarque disposait des droits de veto et de dissolution. Il partageait le pouvoir législatif avec le parlement (qui était jusqu'en 1866 le *Ståndsriksdagen,* c'est-à-dire les États généraux du Royaume, constitués de quatre chambres (clergé, noblesse, bourgeoisie, paysannerie), puis en 1866 le *Ståndsriksdagen* a été dissout et remplacé par le *Rikddag*, parlement bicaméral élu au suffrage censitaire, indirect et très étroit pour la première, direct et un peu plus large pour la seconde). C'est dans ce contexte institutionnel qu'ont émergées d'abord deux grandes tendances politiques encore peu structurées, essentiellement autour du clivage centre/périphérie : une gauche libérale, plutôt dans les campagnes, et une droite conservatrice, plutôt dans les villes. C'est dès le XIXème siècle que les partisans du libre échange ont gagné le combat sur les partisans des droits de douane, marquant jusqu'à aujourd'hui la politique d'ouverture commerciale de la Suède.

A la fin du XIXème siècle, la gauche s'est séparée en deux camps : les radicaux qui ont fondé le parti social-démocrate (1886), et les modérés qui ont fondé le parti libéral (1895). En réaction, les conservateurs se sont organisés autour du parti modéré (1904), qui est toujours le chef de file de la droite en Suède. Puis, en 1913 un parti agrarien s'est crée pour défendre les intérêts de la campagne, et promouvoir l'autonomie locale par exemple. Enfin, en 1917, les révolutionnaires du PSD (parti social-démocrate) ont fondé le parti communiste (qui n'est plus vraiment communiste aujourd'hui). Ce parti n'a jamais eu d'influence considérable, à la différence du parti social -démocrate, depuis lors clairement engagé dans une politique réformiste national (il a abandonné la lutte des classes formellement dès 1928, et n'a jamais fait alliance avec le parti communiste jusqu'à sa transformation récente en « parti de la gauche »).

On a donc au final une classe ouvrière divisée en deux : un groupe radical/révolutionnaire et un groupe modéré/réformiste, et une bourgeoisie divisée en trois : les agrariens (proches des paysans), les libéraux et les conservateurs.

Ce modèle est resté relativement stable depuis les années vingt jusqu'à nos jours.

Le parlementarisme est entré dans son ère moderne en 1917 lorsque le roi Gustave V, dans un contexte particulièrement agité et après des décennies d'affrontement politique qui pouvait faire craindre une révolution, accepta de nommer désormais des ministres (de gauche en l'occurrence) devant obtenir la confiance de la majorité du parlement. Cette démocratisation fut complétée en 1919 par l'adoption du suffrage universel, masculin et féminin (à l'exclusion des bénéficiaires de l'aide sociale toutefois, jusqu'en 1945).

En 1975, une nouvelle constitution mit fin définitivement au pouvoir politique du roi : il n'est plus aujourd'hui que le représentant formel mais symbolique de l'État suédois, et ses obligations consistent essentiellement à présider aux cérémonies officielles. Cette constitution a réduit le parlement à une seule chambre, élue à la proportionnelle.

Depuis le début des années 70, de nouvelles forces (partis écologistes, populistes, féministes et parti chrétien-démocrate) remettent l'équilibre du modèle à cinq partis en cause. Les crises économiques à la fin des années 70 et dans les années 90, ainsi que la question européenne qui taraude la population (A-t-on le droit d'espérer qu'un modèle social comparable à celui existant en Suède se développe à l'échelle européenne, ou bien faut-il se replier sur la spécificité nordique ?), ont crée des clivages nouveaux et transformé les anciens partis.

A droite, le parti chrétien-démocrate, crée en 1964 en réaction à la décision de 1963 de supprimer l'éducation religieuse des programmes de l'école primaire, a obtenu des sièges à la députation depuis 1991. Son programme se concentre sur la défense de valeurs morales comme le contenu des programmes scolaires, la défense de l'environnement ou la politique de la famille. D'ailleurs, plusieurs prêtres issus du parti participaient au gouvernement de coalition de 91 et de 94.

En 1991 également, un parti populiste est entré au parlement, mais n'a pas réussi à conserver l'unité de son groupe jusqu'aux élections suivantes, et depuis, aucun parti populiste n'a eu de véritable succès. Parallèlement, le parti du centre, héritier du parti agraire qui structurait la Suède rurale, a vu son influence régulièrement baisser : il est passé de 25% en 1973 à 14% en 2002. Le parti hésite aujourd'hui entre changer son image politique pour gagner de nouvelles catégories d'électeurs ou devenir un parti purement rural.

A gauche aussi, depuis le début des années 90, le paysage idéologique a commencé à se compliquer : avec la mondialisation, la construction européenne et la montée depuis 30 ans de l'immigration[12], l'"identification de la gauche à la construction du « foyer du peuple suédois » a perdu une partie de son évidence, et le lien entre la gauche et la nation fait débat. Une majorité de la gauche dite nationale s'efforce

---

[12] Pays d'émigration jusqu'à la seconde guerre mondiale, la Suède compte aujourd'hui 12% de résidents nés à l'étranger.

de réarticuler ses concepts, tandis qu'une minorité (verts, ex-communistes et une partie du parti social-démocrate) s'efforce de se débarrasser complètement de cet héritage et de redéfinir le projet de société en termes post-nationaux.

Le parti vert est entré dans le Riksdag en 1988 avec vingt députés. Il s'y est maintenu depuis. Les verts défendent notamment des valeurs individualistes (écoles indépendantes, promotion des entrepreneurs) alliés avec des positions très rigoristes (mœurs, alcools, drogues). D'ailleurs, leur direction a déjà tenté de négocier avec les libéraux pour former une majorité alternative aux sociaux-démocrates avec obtention de ministère alors que le parti social-démocrate refuse toute participation d'alliés à son gouvernement. Les libéraux, qui se sont rapprochés des modérés, sont les plus offensifs en matière de politique libérale et européenne et se posent en piliers de l'opposition, quitte à s'allier avec les verts avec lesquels ils partagent des valeurs individualistes.

Suite à toutes ces évolutions, le système de partis suédois est désormais caractérisé par un modèle à sept partis regroupés en deux blocs où trois partis sont associés en une alliance informelle à gauche (sociaux-démocrates, verts et parti de la gauche - ancien parti communiste -), et quatre partis à droite (agrariens, libéraux, démocrates-chrétiens et conservateurs). Ces derniers ont formé une alliance formelle pour la première fois avant les élections de 2006, qu'ils ont remportées. Avant cela, les partis de droite avaient gouverné ensemble en 1976-1982 et 1991-1994, les deux périodes se sont terminées par une situation dans laquelle un ou plusieurs partis ont quitté le gouvernement en cours de législature (départ des agrariens à cause de l'énergie nucléaire puis à cause de la construction du pont au-dessus de l'Öresund, vers le Danemark).

Les alliances sont plus ou moins fluctuantes mais la polarisation selon deux blocs semble la grande tendance politique actuelle en Suède.

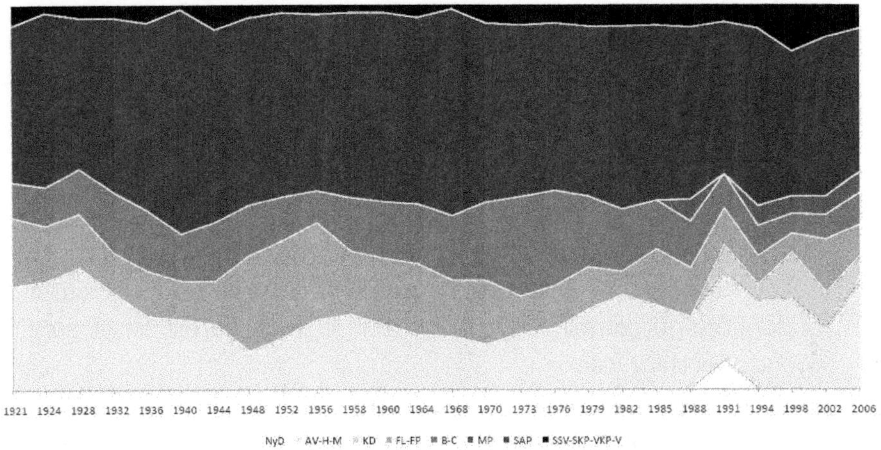

Fig. 8 : Résultat des élections au parlement depuis 1921 : de haut en bas et du plus foncé au plus clair : parti communiste, parti social-démocrate, parti agrarien, parti vert, parti libéral, parti démocrate, parti modéré, parti populiste.

2. Le règne du parti social démocrate

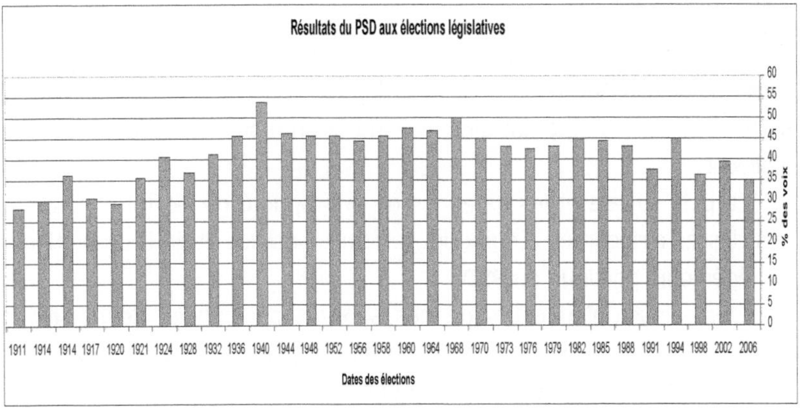

Fig. 9 : Résultats du parti social démocrate aux élections législatives

a. un règne sans partage

Au-delà de la grande stabilité des partis dominants, et de manière encore plus surprenante, la Suède est, avec le Japon, probablement la démocratie parlementaire occidentale la plus proche d'une « *démocratie à parti unique* ». Dès 1938, le parti social-démocrate franchit 50% et cette domination s'est poursuivie jusqu'à très récemment, malgré le mode de scrutin proportionnel qui favorise l'émiettement du paysage politique. En effet, depuis soixante-dix ans, hormis quelques brèves interruptions (1976-1982, 1991-1994 et depuis 2006), le parti social-démocrate a toujours été au pouvoir. Surprenant pour le pays qui est en tête du «World democracy index » !

À l'exception du parti communiste soviétique, aucun groupe politique n'a conduit plus longtemps la gestion d'un pays européen que le parti social-démocrate suédois. Ce parti a su accueillir le triple héritage : monarchie centralisée, participation politique du peuple et tradition luthérienne. En effet, dès leur arrivée au pouvoir, les gouvernements sociaux-démocrates se sont emparés de certains référentiels conservateurs ancrés dans les traditions rurales (la « maison du peuple » par exemple) et se les sont réappropriés afin d'asseoir leur réformisme dans la continuité. Dès lors, la social-démocratie a quitté la voie de l'idéologie partisane pour devenir le dépositaire de la culture nationale. Le parti social démocrate est ainsi devenu le promoteur naturel du bonheur collectif.

La paix sociale et les garanties de la propriété privée fut achetée par les classes dirigeantes au prix de réformes sociales et de l'acceptation de l'l'hégémonie politique du PSD.

C'est ainsi qu'au cours de ces soixante-dix années de domination politique, le parti social-démocrate a mis en place le modèle suédois, qui s'identifie parfaitement à la social-démocratie à la suédoise, à tel point que le PSD n'est plus obligé de formuler des promesses programmatiques précises : fiabilité et stabilité sont les attributs attachés au parti social-démocrate, seule compte l'affirmation de la défense du mode de vie et des valeurs suédoises.

b. Le fonctionnement du parti social démocrate

L'originalité du parti social-démocrate tient à la combinaison d'une grande cohésion et de débats très nombreux en son sein.

Grande cohésion d'abord : il existe une grande stabilité de la direction à l'intérieur du parti, permettant d'exercer un contrôle sur la base. Tage Erlander est resté 23 ans premier ministre, Olof Palme 10 ans, et Göran Person 10 ans

Le parti sait néanmoins évoluer, dans un contexte de débats permanents rendus constructifs par l'interdiction des courants et les ambitions personnelles discrètes, ce qui permet de se concentrer sur le contenu. La tradition réformiste autorise des débats ouverts ou ceux qui proposent des solutions plus efficaces pour résoudre des problèmes sont entendus plus facilement que ceux qui invoquent des principes fondateurs des grands ancêtres. Ainsi en 1991, suite à sa défaite électorale, le parti social-démocrate décida de modifier profondément l'ancien modèle suédois d'État providence qu'il avait pourtant mis en place, et d'engager une rénovation de son appareil idéologique. Soulignons également que depuis une trentaine d'années, le parti social-démocrate n'a plus jamais eu de majorité parlementaire absolue, et a donc dû composer des alliances parlementaires, ce qui fut un élément d'ouverture important.

L'hégémonie du parti social-démocrate lui permet d'offrir des opportunités de carrière à tous ceux qui s'intéressent à l'action publique et attire les jeunes politiciens ambitieux car ils peuvent ainsi espérer atteindre les plus hautes fonctions. L'influence du parti s'étend même jusqu'au synode de l'église de Suède dont la majorité des membres sont issus du parti social-démocrate. Les liens sont très fort, comme l'illustre la précédente ministre de la Défense, Leni Bjorklunfd était auparavant secrétaire générale de l'Eglise de Suède.

Le parti social-démocrate est également très lié au principal syndicat suédois : LO (pour *Landsorganisationen i Sverige*). Les dirigeants de LO sont tous membres du parti social-démocrate, et les allers-retours des cadres entre les deux organisations sont très fréquents. Les programmes du parti social-démocrate sont élaborés en proche concertation avec LO. LO et le PSD étaient appelés les deux piliers du gouvernement. Cela dit, depuis les années 80, l'alliance historique LO/PSD se fragilise. Les réformes libérales des années 90 menées par le PSD pour faire face à la crise économique ont été vécues comme des trahisons par LO (Bertil Johansson, le président de LO ces années-là avait même déclaré au PSD : « *Nous vous barrerons la route* »).

Les partis politiques possèdent de manière notable beaucoup d'adhérents (140 000 pour le PSD), et au-delà des organisations politiques, l'action collective est valorisée dans la société. Un million de Suédois participent à des chorales, et les clubs de sport ou les cours du soir sont remplis.

c. Un électorat stable

Au niveau des électeurs également, la stabilité suédoise est frappante. L'identification sociologique des électeurs aux partis en général et au parti social-démocrate en particulier est profonde. Le vote pour le parti social-démocrate est d'ailleurs une grande tradition familiale.

Les travaux du "Swedish Election Studies Program réalisés à l'occasion du vote de 2002 nous enseignent que la personnalité du leader n'intervient que comme 7ème source de motivation des votes, la première étant : "un parti ayant de bonnes politiques sur les questions qu'ils trouvent importantes", puis en fonction de "l'idéologie du parti".

Pour finir sur ce chapitre des électeurs, notons tout de même qu'un effet de l'organisation de l'État providence suédois est qu'une part importante de la population est soit employée dans le secteur public soit soutenue par des programmes de transfert comme les retraites, les allocations chômage et maladie. Ces groupes ont un intérêt personnel à défendre l'État providence, et ont donc constitué depuis soixante-dix ans de larges réservoirs de voix pour le parti social-démocrate.

d. Les élections de 2006

Face au parti social-démocrate, les quatre grands partis de droite se sont enfin rapprochés afin de former une opposition cohérente (appelé le "bloc bourgeois" en Suède), ce qui leur a permis de remporter les élections de 2006 avec 48% des suffrages contre 46,2% aux sociaux-démocrates. Les sociaux-démocrates n'avaient pourtant pas à rougir de leur bilan : budget excédentaire, forte croissance (4,4% en 2006). Mais le sentiment d'une certaine dérive de l'État providence (excès de certains programmes sociaux trop généreux, la persistance d'un chômage déguisé, la défense de monopoles publics obsolètes) a pu irriter les électeurs. Par ailleurs, le PSD a eu le handicap de l'usure du pouvoir du premier ministre sortant Göran Person, considéré comme coupé des réalités, voire mégalomane du fait du standing de sa propriété à l'ouest de Stockholm et de son penchant autoritaire avec ses collaborateurs (on le qualifiait ironiquement de « *président Person* »). Face à lui, Frederik Reinfeldt, 41 ans, modeste, pragmatique, tranchait.

Mais la social-démocratie imprègne tellement la société suédoise que le bloc bourgeois ne peut s'y opposer frontalement. Du coup, il s'était engagé durant la campagne de 2006 à encourager les créations d'emploi sans démanteler pour autant l'État providence, qui représente une large part du pacte social et même de l'identité nationale suédoise. Il a même fait campagne sur le thème de la "restauration" de cet État providence, et proposé symboliquement l'amélioration de certains dispositifs, comme l'éducation ou la santé !

Cela souligne les points de consensus entre les partis politiques suédois qui sont nombreux : les oppositions sont beaucoup moins frontales qu'en France. En fait on dit souvent *qu'il y a en Suède sept partis sociaux démocrates, et que les électeurs choisissent systématiquement le plus social démocrate d'entre eux.*

Aujourd'hui, plus aucun parti ne remet en cause l'orientation de l'État providence, le conflit politique s'est déplacé sur les questions de savoir comment procéder aux transferts et si les entrepreneurs privés seraient autorisés à concourir avec le secteur public pour l'exécution des services sociaux, et cela dans un système continuant à être financé publiquement.

Les libéraux tentent de développer discrètement des propositions plus proches de valeurs individuelles prônées par la droite dans d'autres partis d'Europe, mais ce phénomène est encore balbutiant.

Cependant le contexte politique change plus profondément qu'on ne le dit souvent : volatilité électorale en hausse (l'identification des électeurs à un parti est passé de 60% en 1982 à 40% en 2002), apparition de nouveaux clivages et de nouveaux partis politiques (les verts par exemple) baisse massive des adhésions dans les partis politiques (le parti social-démocrate avait un million d'adhérents dans les années 70, il n'en reste plus que 140 000 aujourd'hui), recul de la confiance de la population dans les partis de représentation. Le récit traditionnel du parti social-démocrate (construire la maison du peuple...) semble assez épuisé, même si les Suédois y restent attachés sentimentalement. D'où un certain vide idéologique ressenti au PSD. Göran Person dans les années 2000 avait proposé un nouvel idéal de « développement durable social, économique et écologique », mais ce discours semble avoir beaucoup moins de force que l'ancien. Dans ce contexte nouveau par rapport à la grande stabilité politique habituelle de la Suède, faut-il voir dans la défaite dernière des sociaux-démocrates une rupture marquant la fin de leur hégémonie politique ? Les prochaines élections apporteront la réponse à cette question.

3. Les rituels de la vie politique

a. L'élite politique

Même si les responsables des partis politiques sont généralement des politiciens à plein temps qui n'ont jamais exercé d'autres métiers, les électeurs eux n'ont pas l'impression d'avoir à faire à une élite politique. Le parti passe en fait avant les hommes et le message est clair : « vos idées personnelles sont moins importantes que notre vision commune ». Le leadership ne se conquiert pas explicitement, il est accordé par les pairs. Ainsi, Mona Sahlin, en déclarant en 1995 son intention de briguer la succession d'Ingvar Carlsson, a commis une erreur et s'en est trouvée marginalisée. Au contraire, après avoir nié farouchement toute ambition, Göran Person a gouverné de 1996 à 2006. Comme ceux qui ont un goût pour l'action publique savent que c'est au parti social-démocrate que se prennent les grandes décisions, on assiste à une sélection où les meilleurs (et de gauche) rejoignent le parti, alors que ceux qui ont une sensibilité plus à droite partent dans la sphère privée.

L'attachement fort aux dogmes de l'égalité rend l'opinion très hostile à ce qui pourrait ressembler à une élite permanente, et les partis en prennent garde. La simplicité des profils des membres du gouvernement permet une réelle identification entre dirigeants et la majorité de l'opinion (Les Suédois n'aiment pas les leaders charismatiques à la française). On veille à la parité et à une bonne représentions des jeunes. On a alors vu des associations de retraités protester contre le fait que seuls cinq députés avaient plus de 65 ans, alors que l'âge moyen s'accroît en Europe ! On veille également à l'origine et aux diplômes des candidats, car ils doivent refléter la situation sociale des électeurs qu'ils représentent. Enfin, une représentation importante de candidats immigrés et devenus suédois est notable et conçue pour insérer au mieux dans le processus électoral les communautés d'origine étrangère.

b. L'évitement des conflits

Alors qu'en France les affrontements sont mis en scène par les institutions politiques, la pratique suédoise au contraire cherche systématiquement à éviter les conflits qu'elle a en horreur. Ainsi, toutes les élections (nationales, régionales et municipales) ont lieu le même jour tous les quatre ans, le deuxième dimanche de septembre. Cela permet de donner une couleur politique unique au pays, évitant les oppositions entre niveau national et niveau local, et de permettre au gouvernement de travailler sereinement pendant quatre ans sans devoir se préoccuper de nombreuses élections « tests » intermédiaires. La campagne électorale est très courte, puisqu'elle ne commence que le 15 août.

Citons aussi le fait que les membres du Riksdag sont assis selon une répartition géographique (par circonscription) : c'est un peu comme si au palais Bourbon les députés du sud de la Loire siégeaient à gauche, et ceux du nord de la Loire à droite. Difficile dans ces conditions de s'affronter entre majorité et opposition : de fait, les débats au Riksdag sont avant tout techniques, et très courtois (d'aucuns disent aussi passablement ennuyeux).

L'investiture du premier ministre et du gouvernement ne donne pas systématiquement lieu à un vote. En fait, les rapports d'opposition ne sont pas formalisés, ce qui rend plus facile les coopérations.

c. La pratique du pouvoir

La culture de la pratique gouvernementale est assez exigeante : les ministres doivent rester discrets sur les solutions tant qu'une position collective n'a pas été définie. Des conflits ouverts entre membres du gouvernement sont impensables. Chaque jour, les ministres présents déjeunent ensemble et valident leurs projets, même si c'est le jeudi qu'a lieu le véritable conseil des ministres.

La commission consultative du parlement pour l'Union Européenne se concerte avec le gouvernement sur la ligne politique suivie lors des conseils de l'Union. Le gouvernement informe notamment la commission des questions à l'ordre du jour et s'assurent du soutien à leurs positions. Le gouvernement suit les recommandations formulées par la commission, même s'il n'y est pas obligé.

Les députés sont très actifs et disposent de moyen pour exercer à plein temps leur mandat unique. Par ailleurs les partis de l'opposition sont soutenus financièrement et ce plus que la majorité car on considère que ces derniers ont un accès plus aisé à l'information et à l'expertise. Ainsi le montant du financement public par député accordé aux partis non représentés au gouvernement est le double du montant accordé à ceux y participant. L'opposition dispose par ailleurs de moyens pour élaborer chaque année une contre-proposition complète de budget.

Le traitement des idées iconoclastes obéit à un rituel assez standardisé. Une tribune lançant une idée nouvelle est publiée et le parti observe les réactions. Si elles sont négatives, on qualifie l'idée de positions personnelles, mais si l'intérêt est présent s'enclenche le processus de décision politique. Ce fut ainsi le cas pour le plafonnement des frais de crèche admis par Göran Person alors qu'il défendait la position opposée quelques mois plus tôt. *Evoluer n'est pas trahir si c'est pour améliorer la vie des Suédois.*

La production de décision publique est très consensuelle : on rassemble toutes les parties concernées en groupe de travail, le ministère n'intervenant que pour donner une expertise technique et non pour orienter les conclusions. Au terme des travaux, le groupe soumet ses propositions au gouvernement, qui consulte toutes les parties prenantes (syndicats, associations, collectivités locales, entreprises) en sollicitant leur réaction, puis élabore une synthèse qui sera soumise au parlement. Les ministres ne sont donc pas dans l'optique d'effet d'annonce avec la nervosité inhérente. Prendre une décision avec un tel processus prend du temps : il faut plusieurs années, trois souvent, pour faire une loi. Mais elle aura la plupart du temps fait le consensus avant d'être adoptée ; du coup, personne ne s'opposera à son application, et elle sera souvent plus pérenne et mieux appliquées qu'en France par exemple.

Stabilité, consensus, évitement des conflits, pragmatisme, modestie des hommes politiques… La social-démocratie suédoise vit dans un contexte complètement dissemblable de toutes les pratiques françaises. Et pourtant, il semble que nous soyons irrésistiblement attirés par ses pratiques et par les solutions qu'elle met en œuvre. Comment expliquer ce paradoxe ?

C'est dans le détail du fonctionnement du modèle suédois et de ses trois piliers, à savoir l'État providence, la paix sociale et le libéralisme que nous allons désormais chercher la réponse à cette question.

C. Un État providence fort

Ce qui fascine d'emblée les Français est l'existence en Suède d'un État providence fort au service de tous les citoyens « du berceau à la tombe » et ce via des prestations sociales élevées (31,9 % du PIB contre 29,4 % en France en 2006). L'État providence suédois a une vocation d'exhaustivité et toutes les solidarités sont prises en charge par l'État, y compris celles qui dans beaucoup de cultures relèvent de la famille ou par des systèmes privés d'assurance. Un trait peut-être anecdotique mais tout à fait révélateur est la cotisation durant sa vie active pour les frais de ses propres obsèques !

1. La notion de Folkhem

La notion de Folkhem, « maison du peuple », qui incitait les Suédois à construire les liens de solidarité et d'égalité aussi forts que ceux du tissu familial, s'est imposée dans l'idéologie Suédoise, notamment dans les discours d'Hansson[13] dans les années 20[14]. Aucune société n'est allée aussi loin dans le collectivisme consenti. Point de contestation du niveau des prélèvements obligatoires, chacun se percevant comme un bénéficiaire du système.

L'État est légitime car les autorités ne sont pas regardées comme des entités extérieures mais comme des hommes et des femmes insérés dans la société. En fait, la décision politique est vécue comme provenant d'un processus rationnel, et l'opinion est convaincue par ailleurs qu'elle dispose des moyens de contrôler les autorités. Les citoyens acceptent donc de confier à l'État toutes les charges qui pourraient peser sur eux : un enfant qui naîtrait ou deviendrait handicapé, un parent dépendant... La prise en charge des solidarités relève d'un choix collectif clairement affirmé.

Mais peut-être, comme dans *Le meilleur des mondes* d'Aldous Huxley, cela se fait-il au prix d'un affaiblissement des liens sociaux. Un exemple cité par un expatrié français était qu'il ne viendrait pas à l'idée d'un Suédois d'aller demander de l'aide à des amis ou à un voisin si l'État peut assumer ce rôle : il se tournera toujours en premier vers ce dernier pour obtenir les prestations auxquelles il estime avoir droit.

Autre exemple, le numéro personnel *personummer*, crée en 1946, utilisé dans les rapports avec l'ensemble de l'administration, de la santé,

---

13 Per Albin Hanson fut chef du parti social-démocrate et premier ministre de 1932 à 1946. Il est considéré comme le fondateur de l'État providence suédois.

14 La Folkhem est originellement un concept appartenant à la droite conservatrice dont la sociale démocratie s'est emparée. Ainsi, Per Albin Hansson a utilisé ce concept pour la première fois le 18 janvier 1928 à l'occasion d'un discours dans la deuxième chambre du Parlement.

mais aussi dans les relations privées (salaires, abonnements, achats par correspondance...). Beaucoup d'informations publiques et privées se trouvent centralisés sous un seul chiffre, mais les Suédois voient cela comme un outil d'efficacité collective (déclarations fiscales prêtes à signer, etc.) et non une menace pour les libertés individuelles. La société du bien être suédois n'est d'ailleurs pas accessible sans ce numéro !

L'État est donc au service du citoyen. Il n'y a ainsi pas de numéros surtaxés vers l'administration. Si on se rend au service des impôts pour remplir sa déclaration d'impôt parce qu'on a du mal à le faire, il y a de fortes chances qu'ils la remplissent pour vous (un simple SMS suffit pour valider sa déclaration d'impôt). Il existe d'ailleurs des services de l'État chargés d'évaluer le degré d'accueil des différents services. A l'ANPE, on peut appeler pour discuter avec ses conseillers, et un rendez-vous est fixé le lendemain si besoin est.

2. Des prestations sociales extensives

Le niveau de ces prestations sociales, ainsi que leur champ d'action sont tout à fait uniques au plan mondial et parfaitement en cohérence avec les attentes des citoyens suédois que nous avons pu croiser. La portée des dispositifs est globale (universelle et donc coûteuse), le financement est assuré par l'impôt et tous les citoyens en bénéficient. Beaucoup de politiques sociales étant décentralisées au niveau communal et financées par l'impôt communal, les municipalités sont vraiment soucieuses de faire revenir à l'emploi les bénéficiaires d'aides. Nous présentons ici quelques exemples de prestations originales et révélatrices de cet État providence à la suédoise.

Il nous a été cité le cas d'une paraplégique française arrivée en Suède, et à qui on avait demandé d'écrire simplement son projet de vie en lui assurant que tous les moyens seraient mis à sa disposition pour qu'il se réalise. Elle a pu écrire qu'elle souhaitait aller au concert, apprendre la musique et sortir le matin pour une promenade... Immédiatement un aide soignant a été mis à sa disposition pour l'aider à réaliser ses souhaits : on lui a accordé 30h d'aide personnelle à domicile, et un taxi pour venir la chercher régulièrement. Estimant que cela ne suffisait pas, elle en a fait part à la mairie qui lui a octroyé 70h. En cas de conflit avec la mairie, il reste la possibilité de porter plainte. La politique envers les handicapés en Suède a pour but de les aider à vivre le plus normalement du monde, et force est de constater qu'elle recueille les louanges de bien des observateurs. Le contre coup de ces prestations exceptionnellement généreuses est que les handicapés ne sont que très peu incités à travailler : ils se retrouvent ainsi paradoxalement bien plus souvent exclus du monde professionnel que les handicapés français, souvent obligés de travailler.

Il existe cela dit un groupe de quatorze entreprises publiques appelé SAMHALL, qui constitue un élément essentiel dans la politique d'intégration des personnes handicapées. L'objectif de SAMHALL est de fournir un emploi professionnel en toute dignité aux personnes atteintes d'un handicap de travail ne pouvant pas accéder au marché ouvert. SAMHALL a été créée en 1980 par la loi relative à l'emploi protégé et fonctionne dans un esprit d'entreprise, produisant des biens et des services selon les règles de la libre concurrence. Le groupe SAMHALL comprend la société mère, 24 filiales et environ 800 sites de travail autonomes ou bien intégrés dans d'autres services publics, des restaurants d'entreprise, scolaires ou cantines administratives, sites de sous-traitance... Les employés ont les mêmes salaires, avantages et droits sociaux que l'ensemble de travailleurs en Suède. L'un des objectifs principaux est de favoriser la transition de ces employés vers les entreprises ordinaires. Le taux de transition annuel est cependant très faible, entre 3 et 6%.

Une autre aide tout à fait significative est l'allocation étudiant qui est versée à tout jeune étudiant poursuivant ses études après le lycée. Cette allocation, accordée quel que soit le salaire des parents, s'élève à environ 400 euros sous forme de bourse et 400 euros sous forme de prêt, prêt qu'il s'agira ensuite de rembourser durant sa vie active via un prélèvement de 1,4% de son salaire. Généreuse, cette aide laisse à l'étudiant une grande liberté de choix de la filière de ses études, le financement n'étant plus une contrainte. Elle le responsabilise également : il est nécessaire de rester cohérent dans son parcours éducatif et de réussir ses examens, sinon il est possible de perdre ses droits. Notons également que ce dispositif est toujours valable en cas d'études à l'étranger (les primes sont dans ce cas réévaluées en fonction du pays de destination). Les Suédois sont attachés à l'universalisme de ces prestations : la suppression en 1968 du conditionnement de l'aide des étudiants au revenu des parents fut consensuelle, et toutes ses remises en cause depuis lors ont suscité une vive émotion dans l'opinion publique.

Évidemment, le système social suédois n'a jamais été exclusivement universel, même si le discours politique en Suède entretient l'ambiguïté à ce sujet. Ainsi, les allocations chômage, les allocations maladie et les pensions complémentaires ont toujours exigé une participation préalable au marché du travail. Ceci dit, si les assurances sociales n'ont jamais été complètement universalistes, les services sociaux, comme les services de protection de l'enfant et des personnages âgés le sont largement, et sont mieux développés en Suède que dans la plupart des autres pays.

Un dernier point qui nous a émus à Stockholm est de croiser autant de landaus poussés par une femme, un homme ou un couple le sourire aux lèvres, et ce un jour de semaine. Nous avons trouvé l'explication un peu plus tard, lors de notre visite à Försäkringskassan, où nous avons appris que les congés parentaux suédois atteignait jusqu'à quinze mois pour le couple (marié ou en concubinage) à prendre avant les huit ans de l'enfant, donc cinq mois réservé au père, et qui sont perdus s'ils ne sont pas pris. Les représentantes du Swedish Women Lobby nous a dit que c'était une première avancée vers l'égalité homme-femmes mais qu'elles continuaient à militer pour une égalité stricte, à savoir sept mois et demi pour chaque parent. Les Suédois ont donc une répartition du travail au long de la vie très différente de celle que nous connaissons en France : faible volume de travail quotidien mais moins de vacances, possibilités de congés longs pour enfants... mais travail jusqu'à un âge avancé. De même les enfants ne travaillent que la moitié de la journée à l'école, n'ont quasiment pas de devoirs, mais ont moins de vacances.

3. Le compromis avant tout

L'État providence que nous venons de décrire s'appuie sur la paix sociale et recherche à préserver celle-ci à tout prix. La mise en place du modèle suédois est une tentative d'accommodation aux pressions extérieures (économiques et militaires) au moyen de « compromis de classe ». Il s'agit d'abord de coalitions politiques entre ouvriers et fermiers, entre le parti social démocrate et le parti agrarien, permettant leur accès au pouvoir en 1932 (même s'ils jouaient déjà un rôle politique majeur avant). Ensuite, le compromis se fonde sur la pratique des négociations et des conventions collectives sur les marchés du travail.

Ces compromis semblent réussir à accommoder des intérêts a priori opposés entre croissance économique, égalité sociale, et développement de la démocratie. Les partenaires sociaux reconnaissent alors mutuellement la nature particulière et légitime de leurs intérêts. Tirant les leçons de la grande dépression, un cercle vertueux est mis en place : le jeu à somme nulle du discours de la lutte des classes est remplacé par des théories d'expansion économique et de redistribution politique.

Le compromis n'est pas seulement un consensus idéologique minimum, il n'est pas seulement une tactique imposée par les circonstances, il procède de la conviction que la seule solution aux problèmes est la mise en place d'un véritable mécanisme régulateur des tensions, mécanisme d'autant plus efficace qu'il sera souple, délié au maximum possible des contraintes structurelles ou réglementaires : la procédure du *remiss*[15] permet ainsi d'ouvrir le débat. Mieux encore, le système de la négociation déconcentrée avec délégation d'autorité a l'avantage d'engager directement la responsabilité des parties vis-à-vis de la collectivité.

Le phénomène de consultation généralisée fait partie de ces dispositifs visant à éviter à tout prix le conflit et à maintenir la cohésion. Même si les avis ne sont pas directement pris en compte dans la décision, il nous a été clairement dit que le simple fait d'avoir été consulté était satisfaisant et participait de la cohésion nationale. Au total, le sentiment populaire de vivre dans un monde d'injustice n'existe quasiment pas.

D. La paix sociale et les politiques de l'emploi

Les systèmes de compromis que nous venons de décrire ont conduit les partenaires sociaux à construire un ensemble original d'institutions et de politiques relatives au marché du travail, garantissant la paix sociale. Il s'agit là, après l'État providence, du second pilier du modèle suédois.

Il est caractérisé par des syndicats puissants (le taux de syndicalisation est supérieur à 80 %), par un droit du travail négocié entre partenaires sociaux sans intervention de l'État depuis 1938, par un fort investissement dans le capital humain (politiques actives de l'emploi, et pour l'éducation), ainsi que par une priorité de l'emploi au niveau politique (avec emploi public « en dernier ressort » dans les années 70).

---

[15] Le lexique des services du gouvernement suédois (regeringen.se) donne comme définition du remiss : « Demande d'avis qui permet à des administrations, organisations et autres instances de formuler leurs observations sur un projet ou une proposition. »

1. *La longue marche vers la paix sociale*

Loin d'avoir toujours existée, la paix sociale suédoise a été obtenue dans le sang et après des grèves qui ont porté la Suède des années 20 et 30 sur le podium mondial du nombre de jours de grèves en une année !

On fait généralement remonter la culture du compromis entre syndicats et patronats à la célèbre convention négociée à Saltsjöbaden et paraphée le 20 décembre 1938 par sept représentants de la confédération patronale suédoise et six représentants de la confédération générale du travail, établissant la paix industrielle entre deux groupes qui n'avaient cessé de s'affronter depuis le début du siècle.

Pour comprendre les circonstances ayant permis cet accord, faisons un petit retour en arrière. C'est vers la fin du XIXème siècle seulement que la Suède connut sa véritable révolution industrielle, entraînée par la demande européenne de bois, papier, minerai de fer et aciers spéciaux, et cela dans un contexte d'explosion démographique : entre 1835 et 1850, la population suédoise est passée de 2,4 millions à 3,1 millions ce qui a entraîné une surpopulation agricole et a conduit un million de Suédois à s'expatrier, notamment aux États-Unis, entre 1850 et 1920.

La pression de la main d'œuvre rurale fixa les salaires industriels suédois à un niveau très bas. Les conditions de vie en zone urbaine (la population urbaine fut multipliée par trois en 50 ans) étaient souvent épouvantables. La promiscuité et l'alcoolisme ont eu des conséquences terribles menant Stockholm à la place peu enviable de capitale européenne à la mortalité la plus élevée en 1910 !

De 90 000 personnes travaillant dans l'industrie en 1870, on passa à plus de 400 000 en 1900 dans une organisation souvent traditionnelle : le *bruk* (complexe productif comprenant forêts, terres, source d'eau, moulins et usines). Les rapports sociaux étaient souvent de type patriarcal. Le propriétaire du *bruk* est investi de la responsabilité et de la protection de la communauté qu'il dirige. Il possède notamment des devoirs à l'égard des invalides, des veuves, des orphelins. Mais les nouvelles entreprises crées à la fin du siècle sortaient de ce schéma traditionnel, ce qui ne manqua pas d'aiguiser les tensions sociales.

Les travailleurs ne bénéficiant pas à l'époque de droits politiques, les aspirations se firent jour au moyen de caisses de prévoyance, d'associations, de sectes religieuses. La diffusion des idées socialistes en Suède conduit à l'idée d'organisation à travers des syndicats puissants. En 1889, le parti ouvrier social-démocrate suédois fut crée, avec la participation active des syndicats existants. En 1898, c'est la confédération générale du travail (LO) qui est constituée par les syndicats suédois et qui va donner une cohérence aux luttes sociales. Le patronat réagit avec la création de la confédération patronale suédoise SAF...

En 1902, une manifestation de 150 000 personnes avec arrêt de travail de trois jours a eu lieu pour réclamer le suffrage universel. De 1903 à 1905, grèves ouvrières et lock-out patronaux se sont succédés à un rythme effréné avec des causes diverses (brimades, licenciement baisses des salaires vs violence des ouvriers). En parallèle, des progrès dans le domaine social furent accomplis, sous la pression des syndicats et des partis politiques de gauche, déjà influents : en 1900 le travail des femmes dans les mines fut interdit et en 1901, la protection contre les accidents professionnels fut renforcée. En 1906, les tensions étaient tellement exacerbées et la menace de révolution si forte que les partis politiques et les partenaires sociaux parvinrent à dégager un compromis, autorisant les ouvriers à se syndiquer et consacrant LO comme interlocuteur principal de la confédération patronale. D'un autre coté LO reconnut le droit des employeurs à diriger leurs entreprises sans partage. Des médiateurs nationaux furent également crées par l'État, avec l'institution de commissions d'arbitrage.

Mais ce compromis ne suffit pas à ramener la concorde et les arrêts de travail reprirent de plus belle. Si la loi de 1913 généralisant les retraites à 67 ans fut saluée par les syndicats, après le bref intermède de la première guerre mondiale, les conflits continuent de manière très dure, très peu atténués par la reprise économique d'après guerre. La crise économique de 1929 aviva les tensions. Le 14 mars 1931 à Ädalen, des soldats ouvrent le feu sur une manifestation protestant contre la présence de briseurs de grèves. Ces tirs firent cinq morts dont une femme. Cet évènement dramatique, encore présent dans toutes les mémoires, traumatisa la nation suédoise (un film, Ädalen 31, sorti soixante ans après le drame, traduit bien cette émotion). Depuis 1814, aucun coup de feu n'avait en effet été tiré par l'armée suédoise.

2. Un accord fondateur

Aux élections suivant la tragédie d'Ädalen, les sociaux-démocrates, en constante progression depuis 1889, remportèrent les élections. Sa position fut encore confortée en 1936 avec 46% des voix. Le PSD obtint même pour la première fois la majorité absolue au parlement avec l'aide des communistes. Le patronat voyait donc son influence politique se réduire, mais le mouvement ouvrier eut la sagesse toute suédoise de reconnaître que les mesures imposées à la minorité créent des conflits et des rancœurs et ne sont pas irréversibles, et préféra donc privilégier la négociation et le compromis. Les patrons souhaitaient de leur côté négocier avec LO et éviter des lois trop contraignantes. LO voyait dans les négociations un moyen d'entériner certains acquis de manière plus certaine que par la voie parlementaire qui est toujours indécise. Enfin, les dirigeants du parti au pouvoir trouvent leur intérêt à rester en dehors des négociations (et donc des revendications). Ce consensus déboucha sur les négociations de Saltsjöbaden (1938) avec pour but de définir un certain nombre de règles et de principes afin de diminuer l'ampleur des conflits.

Une collaboration originale et durable entre les détenteurs de capitaux, les patrons et les syndicats voyait le jour. Un des premiers points de l'accord Saltsjöbadsavtalet, preuve de la modération des syndicats relevait que « *L'entreprise privée doit réaliser des profits. Les négociateurs sont invités à ne pas l'oublier lorsqu'ils discutent des conditions de travail* ». Les organisations patronales et ouvrières s'engageaient à rechercher tous les moyens propres à aplanir les différends par des voies pacifiques : un conseil du marché du travail (à formation paritaire) fut mis en place afin de trancher les litiges. En outre, une priorité absolue fut donnée à la négociation. Tant qu'une solution amiable n'a pas été recherchée, aucun différent relatif aux conditions de travail entre patrons et ouvrier ne peut donner lieu à des actes d'hostilité. Enfin, les licenciements font l'objet d'une procédure particulière concertée.

Le but recherché par les parties dans cet accord et tous ceux qui lui ont succédé était double : augmenter la productivité du travail et la production d'une part. Améliorer le sort des travailleurs, en particulier en ce qui concerne la sûreté de l'emploi d'autre part.

A la suite de l'accord de Saltsjöbaden, les conflits s'apaisèrent. En matière sociale, les progrès furent rapides à partir de la victoire du parti social-démocrate de 1932 : lois sur les retraites (1933, 1937), la santé (1933), la famille et le chômage (1934) et les congés pays (1938) : en 1939, l'État providence est déjà largement en place.

Si 1945 est marquée par un arrêt de travail d'ouvriers de la métallurgie suivi par un lock-out général des industries métallurgiques, la Suède ne connaîtra ensuite que deux conflits notable entre 1946 et 1969 : lock-out dans l'alimentation en 1953 et grève des professeurs en 1966. La grève n'est en fait utilisée en Suède qu'en cas de dernier recours. Il existe plusieurs solutions intermédiaires, nous disait un syndicaliste, comme par exemple la grève des heures supplémentaires. Un point important est que si la grève est permise durant la négociation des conventions collectives, elle est en revanche interdite pendant l'application de l'accord.

3. Une volonté réformatrice jamais démentie

Les politiques de l'emploi mises en place par les partenaires sociaux et les gouvernements depuis les années 30 ont fait preuve de fortes capacités d'adaptation, rendues possibles par des organisations syndicales puissantes, un dialogue social vivace et une forte implication des collectivités territoriales.

Les syndicats ont accompagné les restructurations industrielles autour de deux idées fortes. Primo, il ne sert à rien de maintenir des emplois pour des gens qui fabriquent des biens que personne ne veut acheter. Deuxio, toute société doit payer pour les ajustements industriels inéluctables et accompagner ceux qui changent alors de métier. De tels exemples assez remarquables nous ont été cités. Ainsi, lorsque les mines du nord de la Suède ont été fermées, certains mineurs ont été « déménagés » dans le sud pour devenir infirmiers après une formation. Plus récemment, la fermeture des chantiers navals en Suède ou la fin du textile suédois n'ont pas créé de crise majeure : les syndicats ont joué un rôle qualifié de constructif par les autres parties en mettant l'accent sur l'investissement dans l'avenir. Ainsi, le textile chinois a été accueilli quasiment à bras ouvert en Suède: loin d'être vue comme une menace pour les emplois, les syndicats l'ont vu comme un moyen de redonner du pouvoir d'achat aux citoyens suédois!

Un exemple de tentative de partage des fruits de la croissance : les fonds salariaux

Une mesure très controversée en Suède consista en 1983 en la création de Fonds d'investissement des travailleurs (Löntagarfonder), financés par le biais d'une taxe spéciale sur les profits et gérés par les organisations syndicales. Le transfert progressif d'une partie de l'accumulation du capital privé à ces fonds visait à renforcer l'influence des travailleurs au sein des entreprises et à permettre une socialisation de l'investissement. Les intérêts générés devaient servir à financer des activités de formation des salariés. Chaque fond ne pouvait contrôler que 8% des parts d'une entreprise et était donc limité (il pouvait quand même en exister jusqu'à cinq dans chaque entreprise). Ces fonds, furent fermés à partir de 1991 avec l'arrivée au pouvoir du gouvernement de droite de Carl Bild, mais sont tout à fait révélateurs de la pression sociale très forte qui repose sur les entreprises en contrepartie du peu d'entraves à l'initiative privée, et de la volonté de partager les profits et les fruits de la croissance.

Les réformes vigoureuses sont d'autant mieux acceptées qu'elles touchent de manière équitable les différentes catégories de la population: les syndicats ont une représentativité massive et, largement sous leur influence, le marché du travail est unifié : il n'existe pas de caste qui soit protégée par des statuts particuliers ou un pouvoir de nuire qui la mettent à l'abri des réformes. Un exemple frappant de comportement des syndicats peut être cité ici : lorsque la droite a gagné les élections en Suède, LO a déclaré qu'il *n'aimait pas la politique qui allait être conduite, mais qu'il ne provoquerait pas de grève car il respectait le choix du peuple* !

4. Un rapide panorama du syndicalisme suédois aujourd'hui

Si l'on cherche à dresser un panorama actuel des syndicats suédois, on pourrait commencer par souligner que leur grande caractéristique est qu'ils ne sont pas en compétition pour leur recrutement. Trois confédérations de syndicats se répartissent les salariés en fonction des catégories socioprofessionnelles. Si un salarié veut rejoindre un syndicat, un choix s'impose de manière assez évidente. Ainsi, un ouvrier d'une papeterie s'inscrira au Paper Workers' Union, un col blanc non qualifié à l'Union for Clerical and Technical Employees in Industry (SIF), alors que les cadres à l'Association of Graduate Engineers (CF). Les inscriptions dans un syndicat ne sont fonction ni des affiliations politiques, ni des affiliations religieuses, mais simplement du secteur et de la profession de la personne. Les syndicats sont regroupés dans trois grandes confédérations :

LO (Landsorganisationen i Sverige) : le plus important avec 2.2 millions de membres. A l'origine c'était le syndicat des ouvriers. Son influence a tendance à décliner légèrement. LO n'a plus de liens organiques avec le Parti social-démocrate, mais elle maintient des liens forts avec ce parti (avec notamment un représentant dans son comité exécutif).

TCO (the Swedish Confederation of Professional Employees), représente 1.3 millions de cols blancs et est indépendant politiquement.

SACO (the Swedish Confederation of Professional Association), représente 400 000 cols blancs diplômés. Saco est organisée horizontalement : on adhère à une association selon son diplôme. Elle est également indépendante politiquement.

LO et TCO sont organisées verticalement (SIF par exemple inclut tous les cols blancs du secteur quel que soit leur position hiérarchique) alors que Saco est organisée horizontalement (une personne d'un certain niveau universitaire rejoint un certain syndicat, quel que soit son domaine). Cette différence d'organisation rend possible une certaine compétition entre TCO et Saco. Cependant, les 3 confédérations s'efforcent d'éviter les conflits entre elles.

La principale organisation patronale se nomme Svenskt Näringsliv et couvre elle 70% du secteur privé, avec une organisation proche du MEDEF français.

LO (Landsorganisationen i Sverige)

LO a crée le parti social-démocrate en 1889 et est demeuré l'organisation de base, la machine partisane du parti. LO, à l'heure actuelle, ne compte pas moins d'un actif Suédois sur trois. Jusqu'à la fin des années 70, tous les membres de LO étaient inscrits automatiquement au parti social-démocrate. Encore aujourd'hui, les passerelles sont nombreuses. Le syndicat a toujours lutté contre la gauche radicale, et a empêché tout développement d'un syndicalisme contestataire, en restant un mouvement vigilant, mais coopératif.

Très tôt dans ses analyses, il a opéré la distinction entre les secteurs exposés à la mondialisation et les secteurs protégés. Par sa taille, ne pouvant rester dans la défense de corporatismes particuliers, le syndicat s'est résolu à l'idée que les conditions salariales des secteurs protégés ne devaient pas affaiblir la compétitivité des secteurs exposés. LO comme le gouvernement sait qu'un conflit ouvert affaiblirait l'un et l'autre... LO influence toujours le parti : très peu de députés du parti social-démocrate ne sont pas membres de LO, et de manière plus visible, lors des crises de succession, comme ce fut le cas après l'assassinat d'Olof Palme, Ingvar Carlson fut désigné le dimanche matin à la suite d'interventions de LO tout le samedi.

Cependant, LO est un peu en perte de vitesse, du fait les départs à la retraite de ses cotisants qui ne sont pas remplacés (les jeunes salariés se syndiquent moins). Le parti social-démocrate voit dans sa base l'arrivée des cols blancs, traditionnellement affiliés aux syndicats SACO et TCO : une nouvelle stratégie doit donc être mise en place.

Entièrement financés par les cotisations des syndiqués, les syndicats suédois sont à leur service. L'importance des services collectifs offerts aux salariés (défense des droits) a diminué depuis 1990, même s'ils restent fondamentaux. Ces activités ont été rationalisées, les activités internationales renforcées. Mais surtout, les services individuels, singulièrement chez les syndicats de cadres, se sont énormément développés (formation, aide à l'orientation professionnelle, conseils...). Les syndicats essaient de s'adapter aux technologies nouvelles : ils sont sur Wikipédia, sur Facebook, ou possèdent un bureau sur second life. Avant d'aller négocier, ils essaient de développer de larges consultations par internet.

Lors de notre séjour en 2008, nous avons néanmoins appris qu'une baisse du nombre de syndiqués de l'ordre de 300 000 travailleurs (5% de la population active) avait eu lieu au cours de l'année dernière, en partie due à une augmentation de la cotisation chômage d'un montant à peu près égale à celle de la cotisation syndicale (environ trente euros), cette dernière étant abandonnée pour conserver un salaire disponible constant.

Bien qu'encore très puissants, les syndicats suédois se sentent désormais sous pression pour conserver leur base militante et convaincre les nouvelles générations, jugées beaucoup plus individualistes, de s'affilier à un syndicat. De la réussite de ce défi dépend en grande partie la pérennité du modèle suédois de compromis social.

5. Le marché du travail suédois

Ce qui structure le marché du travail suédois, c'est la liberté qui y règne. Dans le secteur privé, les entreprises peuvent licencier pour raisons économiques sans avoir à fournir de plan social à la française. En revanche, l'entreprise doit négocier avec les syndicats les conditions de départ et le choix des employés à licencier. La règle principale est que le dernier recruté est le premier à partir, en tenant compte des compétences requises. Cela est une des principales rigidités du marché du travail suédois, à laquelle les syndicats sont très attachés. Il est possible de faire exception à cette règle, mais cela se traduit alors à par des concessions coûteuses.

En échange de cette souplesse, l'État et les partenaires sociaux maintiennent et subventionnent des systèmes généreux d'indemnisation du chômage et de coûteuses politiques de l'emploi, comme en témoigne Pär Nuder, ancien ministre des finances : la réponse aux défis actuels, en particulier dans la compétition sur le marché mondial avec l'Inde et la Chine réside dans le développement du modèle à savoir investissement dans la formation et amélioration de la compétitivité. Et il proposait sa définition de la sécurité de l'emploi : *« la sécurité ne doit être en aucun cas de conserver son emploi actuel. La sécurité, c'est d'avoir l'assurance qu'on peut s'en procurer un nouveau. Certains insinuent que les assurances chômages ou de maladie sont des allocations qui rendent les Suédois passifs, alors qu'elles sont des assurances que nous avons nous-*

mêmes payées et qui contribuent à nous rendre plus innovants et plus disposés au changement ! » (1998)

Si le secteur privé productif bénéficie d'une assez grande liberté de fonctionnement, avec une législation du travail minime, en contrepartie, les prélèvements fiscaux doivent garantir que personne ne sera exclu de la société, grâce à une protection généreuse en cas de chômage et une politique d'activation très développée. Cette politique de l'emploi se caractérise par un budget élevé : en moyenne depuis 1996, les Suédois ont consacré 3,5% de leur PIB aux politiques de l'emploi, dont 53% pour des mesures dites actives, ce qui correspond à un record mondial.

6. *Les politiques de l'emploi en Suède*

Garantir un faible taux de chômage est l'obsession des gouvernements suédois, car ce faible taux est le ciment de la paix sociale suédoise.

A cette fin, des batteries de mesures sont déployées (d'une efficacité pas toujours avérée mais qui permettent, en occupant les chômeurs par des stages, formations, voire des emplois publics, de faire baisser les statistiques du chômage).

Parallèlement à ces mesures, une forte pression s'exerce sur les demandeurs d'emploi : les demandeurs d'emploi doivent accepter tout emploi convenable qui leur est proposé ou accepter de participer à des programmes d'aide au retour à l'emploi. Un refus ou l'absence de démarches pouvant entraîner jusqu'à la suppression totale de l'allocation.

Les partenaires sociaux et les autorités locales sont étroitement associés à la gestion des agences locales de l'emploi et au pilotage du service public de l'emploi. En outre, la gestion personnalisée est au cœur des politiques suédoises de l'emploi, avec un criblage des chômeurs dès leur inscription. Nous avons choisi de détailler largement ces politiques en annexe 3 car nous souhaitons donner un exemple précis de dispositifs que nous avons jugés particulièrement représentatifs du modèle suédois.

D'autres mesures

L'emploi public a été utilisé en dernier ressort comme rempart contre le chômage. Dès les années 1970, la Suède n'a pas hésité à se servir de son administration pour absorber une partie importante des chômeurs. La courbe présentée ci-dessous et tirée d'une étude du journal The Economist[16] montre que c'est le secteur public qui a crée la grande majorité des emplois depuis les années 60 !

La question de l'emploi reste une question clé en Suède : la défaite des socio-démocrates en 2006 a été en partie provoquée par des résultats perçus par la population comme moyens en termes d'emploi comparé au voisin danois.

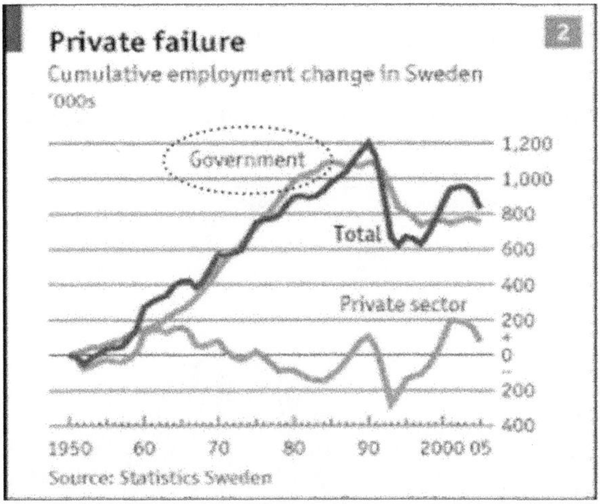

Fig. 11 : graphe présentant les évolutions du nombre d'emplois dans les secteurs privé et publics en Suède (source : the Economist)

[16]The Economist, 7 septembre 2006

Les résultats

Le marché du travail suédois a connu un chômage très faible depuis les années 30 jusqu'au début des années 1990 (il était d'environ 2% en 1987). Mais à partir de 1991, suite à une grave crise économique, le taux de chômage a grimpé brutalement, pour atteindre 9,9% en 1997. Depuis, ce taux est redescendu à 4,2% en 2007 (après un nouveau pic de moindre ampleur en 2004 à 6,1%).

Le taux de personnes en programme d'activation (travaux d'utilité collective, années sabbatiques payées...) est de 2.1% (en recul d'un point depuis 2006). Depuis 2005, malgré une croissance économique de bon niveau (3,5% en 2005), l'amélioration de l'emploi se fait attendre. En fait, la croissance est surtout le fruit d'importants gains de productivité et d'une augmentation du volume d'heures travaillées.

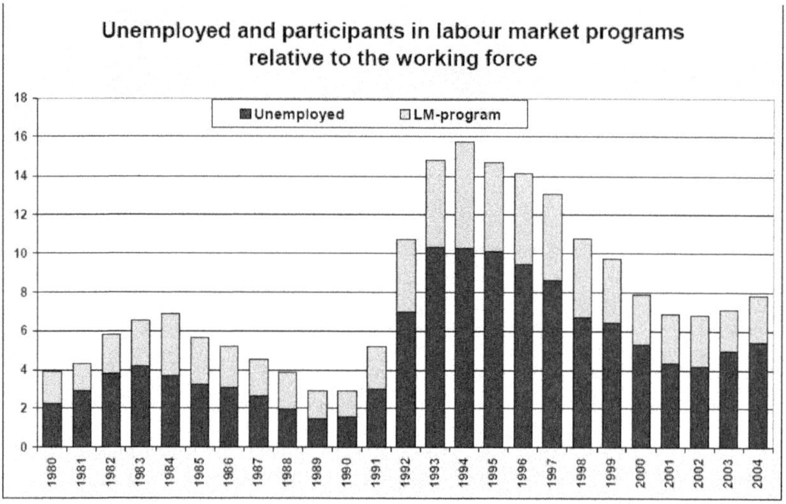

Fig. 10 : Evolution du taux de chômage en Suède avec identification des véritables chômeurs et des personnes en programme de formation (source Eurostat)

En termes de taux d'emploi, la Suède bénéficie d'une position remarquable. C'est l'un des plus élevé d'Europe (72,9%), bien supérieur aux objectifs de l'agenda de Lisbonne, notamment en ce qui concerne la tranche d'âge 55-64 qui a un taux d'emploi de 68,8% en 2005.

7. La gestion du travail sur toute une vie

Dernier point notable concernant l'emploi en Suède : la capacité des Suédois de gérer leur travail tout au long de leur vie. Et eux de nous dire : *Vous les Français, vous prenez lessivés votre retraite à 60 ans après une vie active sans coupures. Nous, nous choisissons de la prendre plus tard* - l'âge moyen de la retraite en Suède est de 63 ans (59 en France) avec une limite théorique à 67- *mais en ayant pu gérer notre vie active comme nous l'entendons.*

Et de nous parler des congés parentaux fort généreux, qui permettent aux jeunes parents de profiter des premiers mois de leur enfant....ou des congés maladies très facile à prendre lorsque ce même enfant est un peu malade, des années sabbatiques. Bref, il est tout à fait concevable dans une entreprise suédoise de prendre quelques jours pour être au chevet de son enfant ou pour se « reposer ». Un Suédois nous racontait que le Suédois moyen se met en absence pour cause de maladie quand il a besoin de rénover son bateau ou sa maison de campagne. *« Les autres le font, pourquoi pas moi? Cela m'est dû quelque-part... ».* Il suffit de voir le nombre de congés maladie pour s'en rendre compte : d'après les chiffres transmis par un directeur de l'agence de sécurité sociale suédoise, environ 4% de la population active est en congé maladie en moyenne, contre moins de 3% en France. Par ailleurs, les horaires sont souvent plus raisonnables qu'en France : on ne trouve plus grand monde dans les bureaux après 17h alors qu'ils ont commencé vers 8h30.

E. LE LIBERALISME A LA SUEDOISE

Le dernier pilier de ce modèle suédois peut surprendre au vu de l'importance de l'État providence et de la prédominance du parti social-démocrate, mais est néanmoins clé.

Il consiste en un attachement marqué au fonctionnement des marchés et au libéralisme : le secteur productif privé est considéré par le parti social-démocrate comme le système le plus à même de garantir la prospérité. D'ailleurs, un dicton suédois ne dit-il pas *Swedes are colorful people. They think blue, vote red and eat green* ?[17]

1. *Une évolution récente*

Cette situation est relativement récente malgré tout. Au début des années 60, les Suédois vivaient dans un pays très régulé. La régulation administrative était extensive, les prix fixés par des cartels, et la compétitivité des industriels assurée par des aides à l'export et des dévaluations. Avec le développement des télécommunications, des flux financiers internationaux, et sous la pression d'une croissance plus faible, des dérégulations eurent lieu à partir des années 80, notamment au niveau financier, même s'elles sont accusées d'avoir en partie favorisé la crise bancaire des années 90. Mais cette libéralisation fut une étape clé dans le développement de l'économie de marché en Suède : un choix clair en faveur des politiques favorisant le marché fut fait, et des secteurs comme l'énergie ou les télécommunications ont été dérégulés, beaucoup plus vite et profondément que dans de nombreux autres pays européens. Une réforme des impôts fut ainsi mise en place visant à élargir l'assiette mais à diminuer les taux des impôts sur les sociétés (28%) afin de les

---

[17] Les suédois sont un peuple plein de couleurs. Ils pensent bleu, votent rouge et mangent vert.

rendre compétitifs et nombreuses réformes suivirent. Ne trouve-t-on pas aujourd'hui dans le manifeste du parti Social Démocrate la phrase suivante : « *Welfare policy and wages structure must always consider the realities of business economics, e. g. the level of cost and competition in the surrounding world* »[18].

2. La politique de libéralisation des années 90

Les services publics ont donc été privatisés ou dérégulés surtout depuis les années 90, et la Suède est probablement devenue le marché le moins régulé d'Europe dans les transports, les télécoms, et l'énergie. Toutefois, bien souvent, un secteur public puissant demeure, par rapport auquel le comportement de l'État actionnaire est considéré comme exemplaire et transparent dans l'univers concurrentiel.

a. La fin du guichet de poste

Le guichet de Poste a disparu en 2002. Désormais, pour acheter ses timbres et récupérer son paquet, il faut aller dans son supermarché local, ou la station d'essence la plus proche. Cette dernière étape, la disparition des guichets, est le point d'orgue de la première dérégulation en Europe du marché postal. L'opérateur historique suédois, crée en 1636 (le plus ancien d'Europe) a perdu son monopole le 1er janvier 1993. C'est devenu une société de droit privé, AB Posten qui obéit à l'accord régissant les modalités d'obligation de services (levée quotidienne,...). Aujourd'hui, en sus de Posten (70% du marché) 35 entreprises se partagent 30% du marché de la distribution. Mais aucune d'entre elles ne couvre la totalité

---

[18] *Les politiques sociales et la pyramide des salaires doivent toujours être cohérentes avec les réalités de l'économie de marché, à savoir le niveau des coûts et la compétitivité.*

Disponible sur le site internet du PSD, dans le manifeste : What is Social democracy ?

du territoire, puisque les opérateurs privés ne sont pas intéressés par la distribution en zone rurale, non rentable. En revanche, la concurrence est très forte pour les courriers interurbains, et le publipostage. Puisque les guichets n'existent plus on a affaire désormais à quatre "points de poste" différents : une Svensk Kassaservice, c'est-à-dire un service bancaire quotidien que Posten AB assure toujours. Ensuite, un Postcenter : également une filiale de Posten AB. Les deux dernières catégories représentent des services assurés par le privé : les Brevpartners, et les Brev- och paketpartners, deux services de retrait et dépôt de courriers, ainsi que d'autres services peu compliqués. Ces services se trouvent aujourd'hui dans des supermarchés, des stations services, des bureaux de tabac et autres petits offices, ce qui permet d'avoir des bureaux ouverts le week-end par exemple.

Bilan de la libéralisation : 5 000 emplois ont été supprimés, mais il est impossible de savoir si cela est dû à la mécanisation accrue du tri ou la conséquence directe de la libéralisation. Déjà très performant en 1993, le service postal ne semble pas avoir gagné en productivité (96,2% du courrier délivré en 24h, contre 95% avant 1993). Si le prix affiché du timbre a effectivement doublé depuis 1993, le prix réel lui n'a augmenté au total que de 7% hors inflation. Et la fermeture de 1 800 bureaux de postes a été contrebalancée par l'ouverture de 42 000 points de service, où, entre le coin loto, les boissons, et les fruits, on peut retirer et envoyer ses colis à des horaires nettement plus étendus que celles des bureaux. La libéralisation n'est donc pas si catastrophique au point de vue rentabilité et service. Au contraire, la disponibilité de services postaux après 19h semble être très appréciée par les Suédois. Et la vue de telles étiquettes peuvent faire rêver un Français !

Fig. 12 : prise de vue d'une boîte aux lettres du centre de Stockholm. La dernière levée est à 20h (voire 22h dans une autre boîte)

La transformation du réseau postal suédois s'est faite dans un climat paisible. Les élus locaux y ont trouvé leur compte puisque in fine le nombre de points de service a cru, et les syndicats ont soutenu la réforme en invoquant le principe selon lequel « *il ne sert à rien d'utiliser de l'argent public pour produire des services que trop peu de gens demandent, et en veillant à ce que la reconversion des agents des postes soit efficace.* »

b. Le secteur de l'énergie[19]

Le parlement a donné son accord pour la libéralisation du secteur en 1996. Tout client final, particulier comme entreprise, a eu la possibilité légale de choisir son fournisseur d'électricité, et tous les producteurs ont obtenu réciproquement liberté de choix de leurs clients. Dans le même temps, toutes les formes d'intermédiaires entre producteur et consommateur ont été autorisées. L'accès au réseau de tous les acteurs a donc été total dès le début. En pratique, changer de fournisseur s'est vite avéré compliqué pour les clients domestiques, compte tenu de la nécessité de s'équiper de nouveaux compteurs capables de suivre la consommation heure par heure ! Le coût de l'installation de comptage horaire était trop élevé (800 euros en moyenne) par rapport au gain financier que pouvaient tirer les petits usagers d'un changement de fournisseur.

De fait, neuf mois après l'entrée en vigueur de la loi, quasiment aucun abonné particulier n'avait sauté le pas et, dans la pratique, seuls les grands clients industriels avaient pu, jusqu'alors, tirer profit de l'ouverture du marché. L'État est donc intervenu pour limiter le coût des compteurs et permettre une concurrence plus saine.

Aujourd'hui la Suède produit 50% de son électricité grâce au nucléaire, et 50% grâce à la biomasse et à l'hydraulique. Le pays est dominé par trois opérateurs représentant 90% du marché, et dont le plus important, Vattenfall, appartient à 100% à l'État. Ces trois opérateurs ont dégagé des bénéfices importants au cours des dernières années (ce qui a permis à Vattenfall de prendre d'importantes participations en Pologne et en Allemagne), et sont soupçonnés actuellement d'entente illégale sur les prix.

---

[19] Inspiré du « rebond du modèle scandinave », Marie-Laure le Foulon, éditions lignes de repères, 2006

Si l'électricité suédoise reste la moins chère d'Europe, de brusques augmentations peuvent se produire lors d'hivers rigoureux (+260% en 2002). En moyenne sur 10 ans, le prix du kWh a augmenté de 65% pour les particuliers, soit bien plus que le coût de la vie. D'autant que le service n'est pas forcément à la hauteur, comme par exemple durant l'hiver 2005, pendant lequel une violente tempête a détruit 20 000 km de lignes électriques, privant un million de personnes d'électricité ! La passivité et la désinvolture de l'opérateur principal de la région touchée, Skydraft, a choqué les utilisateurs, surtout qu'il est apparu à la suite d'un audit qu'une précédente tempête avec des effets similaires n'avait pas été suivie d'enfouissement de lignes. Les clients ont donc réclamé que les opérateurs soient responsables de la continuité du service et répondent à une obligation d'investissement.

c. La libéralisation du rail

Jusqu'en 1988, la SNCF locale, appelée SNJ, était une société de service public centenaire comptant près de 36 000 employés et accusait des déficits récurrents. L'État décida alors de séparer l'activité "infrastructure du réseau" (les lignes et les rails) de l'exploitation. La première activité est toujours dans le domaine public, et est financée par l'impôt (à 95%) et les redevances des opérateurs (5%). En revanche, l'activité exploitation a été libéralisée et est devenue une activité commerciale, avec SNJ comme acteur principal. Ce fut le premier cas de libéralisation européenne du rail, et grâce à une coopération efficace des syndicats, la transition se passa calmement. L'expérience inspira d'ailleurs la directive de Bruxelles (1991) sur les transports. La réduction des coûts fut assez drastique et les effectifs diminuèrent de 45%. Le transport de marchandises s'effectue désormais à près de 25% par rail, un chiffre qui peut faire des envieux quand on sait qu'en France le rail ne représente que 12% du fret.

d. L'État se désengage…

Dans le programme du nouveau gouvernement de droite élu en 2006 figurait l'achèvement du désengagement de l'État de l'économie avec la vente d'un grand nombre d'entreprises, dont certaines emblématiques comme Telia Sonera dans les télécoms, Vin&Sprit, société nationalisée du secteur des alcools, et d'autres dans des domaines moins évidents (Vasakronan, société de location de bureaux, appartenait à l'État jusqu'à cette année…).

Mais ce libéralisme clairement affirmé est également perceptible dans les relations qu'entretient l'État avec les entreprises. Si l'État soutient notamment l'innovation privée grâce à des agences comme la célèbre Vinnova, agence Suédoise de l'innovation, il se garde bien d'intervenir en dehors de son périmètre dans la vie des affaires.

3. L'affaire Renault-Volvo et les malentendus franco-suédois

Un exemple fameux d'un tel malentendu entre la France et la Suède est sans aucun doute l'affaire Renault Volvo. On nous a cité notamment la mégarde du Premier ministre français Edouard Balladur qui envoya une lettre ouverte à Carl Bild le Premier ministre suédois disant en substance qu'il tenait à ce que la fusion se fasse, et qu'il comptait sur lui et sur la coopération entre les deux gouvernements.

C'était évidemment incompréhensible du point de vue suédois, car Volvo était une entreprise totalement privée.

Mais d'autres erreurs ont émaillé ce rapprochement pourtant souhaité par Per Gyllenhamar et Raymond Levy puis Louis Scwheitzer, respectivement présidents de Volvo et de Renault au début des années 90. Les contacts initiaux entre les deux entreprises étaient très bons. Mais c'est en fait un une succession de malentendus et de méprises qui ont conduit au rejet de la proposition par le conseil d'administration de Volvo le 2 décembre 1993.

Les actionnaires suédois de Volvo ont en fait eu rapidement l'impression d'une prise de commandement par l'État français. Le symbole en fut la photo du ministre français Gérard Longuet tenant par la main les PDG des deux entreprises, comme si la fusion se réalisait sous la houlette de l'État français. Cette image, ainsi que d'autres éléments comme le renvoi par le gouvernement français de Bernard Attali, PDG d'Air France, pour satisfaire les syndicats après une grève, ont échaudé les actionnaires suédois.

D'autres anecdotes nous ont été contées, notamment celle d'une banque suédoise qui participait à la contractualisation de la fusion et qui cherchait à joindre la direction du Trésor français. Le Trésor a répondu qu'il ne souhaitait traiter qu'avec l'État suédois !

4. *Un capitalisme familial*

Au niveau du secteur privé et des entreprises suédoises, le point le plus remarquable est qu'il a longtemps existé en Suède deux types d'actions, A et B, les premières conférant des droits de vote supérieurs à ceux des secondes. À l'origine, le rapport pouvait aller jusqu'à 1 000. Aujourd'hui, il est plafonné par la loi à 10 pour les nouvelles actions, et les grandes entreprises se sont alignées sur ce rapport. En conséquence, le véritable pouvoir au sein des grands groupes appartient assez largement à quelques familles d'actionnaires historique, contrôlant les groupes grâce à des participations minoritaires en actions A.

De manière générale, il existe un consensus pour protéger le contrôle des grands groupes suédois par des familles suédoises, avec l'espoir que cela limitera les délocalisations. La Suède s'est ainsi opposée aux différentes tentatives de la commission européenne d'imposer une proportionnalité des droits de vote au montant du capital détenu.

Treize des vingt premières capitalisations boursières à Stockholm ont un actionnaire contrôlant plus de 20% des droits de vote, contre 8 en France. Les grandes familles suédoises ont organisé leurs portefeuilles d'activité au travers de holdings de participations pour constituer des ensembles nommés "sphères industrielles". Les plus anciennes sphères ont été crées à la fin du XIXème siècle. La sphère la plus puissante est celle de la famille Wallenberg (actif net de 17 milliards d'euros) qui possède des fondations et une holding d'investissement créée en 1916 : Investor. Par ce biais, elle contrôle onze des trente entreprises de l'OMX30 (les trente premières capitalisations de Stockholm). Actuellement, 500 000 personnes sont concernées par les décisions prises par les Wallenberg. La deuxième sphère est Industrivärden, contrôlée par la famille Lundberg (6,3 Md euros). Viennent ensuite la sphère Kinnevik (famille Stenbeck, Klingspor et Horn, 4,2Md d'euros), Latour (Gustaf Douglas, 1,3Md euros)...

Toutes les grandes entreprises suédoises (ABB, Electrolux, Ericsson, Saab, Scania, Securitas...) sont dans le giron de ces familles.

Quelques succès entrepreneuriaux font exception à ce contrôle des grandes familles : Ikea, qui n'a jamais eu recours au marché pour son expansion et appartient toujours à son fondateur Ingvar Kamprad, H&M, qui reste contrôlé par la famille de son fondateur Erling Person, de même de Tetra Pak, le fameux fabriquant d'emballage.

Le secteur public suédois demeurait lui très important jusqu'à récemment, avec 55 entreprises publiques dont 41 détenues à 100% par l'État. Les entreprises publiques représentaient 190 000 employés en 2006, soit 4,3% de la population employée. Le gouvernement de centre droit a lancé à son arrivée un programme de privatisation de plusieurs entreprises publiques.

La Suède est un pays de grands groupes, qui dominent largement l'économie. Les exportations des dix premiers groupes suédois représentent plus de 40% du total. Ils permettent à la Suède de dégager un excédent commercial de 18 milliards d'euros en 2006 pour le marché des biens, soit 6% du PIB, et 26 milliards (8% du PIB).

On peut noter ici que le capitalisme suédois avec son contrôle familial semble ne pas favoriser le dynamisme entrepreneurial : aucun des 50 plus grands groupes suédois n'a été fondé après 1969, contre 40% aux États-Unis. On retrouve en France d'ailleurs la même problématique.

L'ouverture aux investissements étrangers est bien réelle, mais très variable selon les secteurs, et suscite très peu d'intervention de la part des autorités publiques. En dehors des sphères des grandes familles, de nombreux groupes emblématiques sont passés sous contrôle étranger. Le secteur de l'automobile et des véhicules industriels est un des premiers dans ce cas (Volvo, Saab, Scania), de nombreuses entreprises du secteur de la défense, de l'assurance ou autres sont également passés en mains étrangères. BAE British Aerospace (UK) possède désormais 35% de SAAB (systèmes de combats et missiles), le fabricant de canons et munitions Bofors est passé sous pavillon américain, et les chantiers navals Kockums ont été rachetés par les allemands de HDW Howaldtswerke Deutsche Werft.

Dans le domaine de la pharmacie, Zeneca a fusionné avec Astra et Upjohn avec Pharmacia.

F. Quelques succes du modele

Nous allons illustrer trois succès qui nous paraissent caractéristiques du modèle suédois : la réforme des retraites, le faible taux de pauvreté, et la bonne préparation à la mondialisation.

Commençons par la réforme des retraites, à laquelle François Fillon n'avait pas manqué de s'intéresser lorsqu'il était en charge de la réforme du système français. Cette réforme apparaît comme tout à fait illustrative des vertus du modèle et en même temps de ses possibles travers.

1. La réforme des retraites suédoise

A la fin des années 80, une commission de parlementaires avec la participation des centrales syndicales et du patronat a été mise en place pour réfléchir à un système de retraite à l'équilibre quelles que soient les circonstances. Les négociations ont pris une dizaine d'années pour parvenir à un système accepté par tous. Il a été mis en place en 1998 et sera pleinement opérationnel en 2020. Son fonctionnement détaillé est décrit dans l'annexe 4.

A partir d'un système classique de retraites par répartition à prestations définies, très proche à maints égards du régime général français, les Suédois ont basculé progressivement vers un mécanisme à cotisations définies. Ce cadre général, soutenu par un large consensus politique et social et l'adhésion de la population, fait clairement porter l'ajustement entre dépenses et recettes sur l'âge de cessation d'activité des assurés, afin que la charge financière du régime ne soit plus reportée sur les générations futures !

Cette réforme est emblématique du modèle suédois à plusieurs titres :

- le processus de réforme a suivi le schéma habituel : comité d'experts, débat large et ouvert, obtention du consensus et vote de la réforme,
- il a fallu 10 ans pour obtenir le consensus, mais la réforme apparaît particulièrement pérenne,
- les Suédois n'ont pas hésité, pour assurer la viabilité du système, à faire des choix douloureux : le montant des retraites n'est plus garanti !

La réforme a dégagé un régime de retraite commun à tous les salariés suédois, sans aucun traitement particulier : on retrouve bien ici l'universalisme de l'État providence suédois.

2. L'élimination de la pauvreté par les transferts sociaux et les salaires uniformes

Dans les années soixante, le slogan « à travail égal, salaire égal » était la maxime de la politique de solidarité salariale prônée par les syndicats : les salariés ayant le même niveau d'éducation et d'expérience dans des secteurs productifs différents devaient avoir le même salaire. Ce même niveau de salaire reposait sur une négociation centralisée entre partenaires sociaux puissants et responsables. En plus d'assurer un même niveau de salaire à l'ouvrier du bâtiment et à celui de l'automobile par exemple, ce système a également contraint l'éventail des revenus : la Suède a toujours un coefficient de Gini[20] des plus faibles au monde, et il n'était pas rare que des employés modestes habitent dans le même quartier que des ingénieurs et des médecins. Si le revenu moyen en Suède était inférieur à celui des États-Unis de 28%, le revenu des Suédois du décile le plus bas était lui 63% plus élevé que celui des Américains du décile le plus bas en 1980 !

Ce système qui a atteint son apogée dans les années 70/80 fonctionne de moins en moins bien. Aujourd'hui la mondialisation rend le maintien du faible écart de salaires complexe. D'une part, la concurrence des immigrés fait pression à la baisse sur les salaires en bas de l'échelle. À l'autre bout, le faible écart de niveau de vie ouvrier/ingénieur crée un manque de motivation des étudiants et place particulièrement mal la Suède dans la compétition mondiale pour la main d'œuvre qualifiée.

---

[20] Le coefficient de Gini est une mesure du degré d'inégalité de la distribution des revenus dans une société donnée, développée par le statisticien italien Corrado Gini.

Le faible écart de salaire ainsi que le taux de chômage très bas conduisent à un taux de pauvreté plus faible qu'ailleurs en Suède.

En outre, la pauvreté n'est pas durable. D'après une étude de Erik Uddhamar[21], la plupart des individus appartenant au groupe ayant le plus faible revenu se trouvent après une demie décennie dans un groupe de revenu moyens ou au-dessus !

Cette quasi élimination de la pauvreté apparaît comme une des réussites majeures du modèle suédois.

3. La préparation à la mondialisation

Peu de nations sont aussi préparées que la Suède aux effets de la mondialisation.

La Suède a toujours été un pays très ouvert. Les traditions maritimes anciennes ont mis la population au contact des autres nations. Par ailleurs, la position de la Suède, aux confins de L'Europe, a toujours entretenu une inquiétude face au risque de marginalisation, d'où une attitude positive par rapport aux réformes permettant de s'adapter au monde extérieur. Enfin, l'émigration suédoise au 19ème siècle vers l'Amérique a permis de tisser des liens étroits avec les États-Unis.

Aujourd'hui, l'immense majorité des Suédois parle anglais couramment et est favorable à la mondialisation. La Suède défend en Europe et à l'OMC la libéralisation des échanges internationaux. C'est une grande nation commerçante qui dégage un excédent commercial très important.

---

21 Erik Uddhammar, *Arbete, välfard, bidrag : En dynamisk analys av folkets välstand och. välfärdforskningens missförstand*, Stockholm, City U. Press, 1997

3. Les tentatives d'importation du modèle suédois

État protecteur, secteur privé performant, droit du travail négocié entre partenaires sociaux... La tentation naturelle à ce stade est de se dire : *importons le modèle suédois* !

C'est ce que proposent d'ailleurs de très nombreux journalistes et hommes politiques français. Parmi un grand choix de citations, en voici deux récentes et particulièrement révélatrices.

François Fillon a déclaré en 2007 : « *Ministre des affaires sociales, en 2003, je suis venu à Stockholm accompagné de tous les syndicats français pour leur montrer ce que c'était qu'une belle réforme des retraites, réussie, dans un cadre consensuel* ». Beaucoup plus ambitieux encore, Christian Sautter a écrit en avril 2008 : « *Le choix à faire n'est pas technique, mais profondément politique. Selon la société que l'on ambitionne, on choisira plutôt la solution britannique ou la solution scandinave. Quelle société, quelle économie voulons-nous ? Quelle place pour la jeunesse ? Quel rôle pour les anciens ? Personnellement, je penche évidemment pour la solution scandinave.* » La proposition va ici bien au-delà d'une simple mesure technique, c'est à une véritable transformation de la société d'après le modèle scandinave qu'on nous invite.

Face à cet enthousiasme, nous nous voudrions appeler à davantage de prudence, et ce pour deux raisons. D'abord, cela fait fort longtemps qu'articles de journaux, livres, essais et autres discours enflammés vantent le modèle suédois, or à notre connaissance, le modèle suédois n'existe toujours nulle part ailleurs en dehors de la Suède. Par ailleurs, les quelques tentatives d'importation de mesures techniques limitées ne semblent pas toujours s'être traduites par des francs succès.

A. Des tentatives qui ne datent pas d'hier

Un des premiers best-sellers sur le modèle suédois fut publié en 1936 aux États-Unis par la prestigieuse « Yale University Press ». L'ouvrage : « *Sweden the middle way* » de Marquis W. Child. Cet ouvrage garde toute son actualité :

"Visiting Sweden in 1930 and again in 1933, I was deeply impressed by the way in which social and economic tools had been used to minimize the effect of the world-wide depression and to maintain a comparatively high standard of living. Above all, the approach seemed to me pragmatic and practical".

Il est amusant de constater que tous les ingrédients du modèle qu'on loue aujourd'hui sont déjà mentionnés par Childs : résolution pacifique de la tension entre l'économique et le social, savoir-faire dénué d'idéologie, pragmatisme, volonté de sortir des affrontements de classe. C'est un solidarisme qui marche, un juste milieu, une troisième voie.

En France, le modèle suédois a fait irruption également dans les années 30, avec par exemple *Heureux Scandinaves* d'Emile Schreiber, 1936. Depuis, les ouvrages se succèdent : *La paix dorée* de Jean-Clarence Lambert, 1968, *La Suède et la qualité de vie* de Guy de Faramond, 1975, *Où va le modèle suédois ?* de Lionel-Henry Groulx, 1990, *Le modèle suédois* de Magnus Falkehed, 2005... Quelques exemples parmi de dizaines d'autres.

Pourquoi le modèle suédois est-il apparu dans le paysage international dans les années 30 ?

À cette époque, l'ordre économique s'était effondré, et l'ombre des totalitarismes en Europe et en URSS se faisait de plus en plus menaçant. Ce contexte extérieur particulièrement agité a favorisé l'émergence des compromis sociaux en Suède entre patronats et syndicats, et entre le parti social-démocrate (des ouvriers) et le parti agrarien (des paysans), leur permettant de prendre le pouvoir, de s'y maintenir et de mettre en place assez rapidement le modèle suédois. C'est alors qu'a commencé à apparaître à l'étranger l'image d'une organisation sociale particulière, très séduisante, dépassant la lutte des classes, réunissant l'esprit du capitalisme et l'utopie du socialisme, et rencontrant un début de renommée.

Depuis son apparition sur la scène internationale, le modèle suédois a été un concept fluctuant à éclipses. Concept à éclipses car, forgé durant les années 30, il a plus ou moins disparu du paysage international pendant la guerre, avant de réapparaître des années 60 aux années 80, puis de nouveau depuis la fin des années 90. (Singulièrement, c'est même devenu une des principales caractéristiques du modèle que de réapparaître périodiquement, survivant aux changements de majorités électorales, ainsi qu'aux violentes récessions qui ont marqué l'histoire de ce pays).

Concept fluctuant car, si on présente toujours le modèle suédois sous les mêmes traits (la synthèse entre capitalisme et socialisme, la « voie du milieu »), chaque époque insistera sur des traits différents. Dans les années 30, c'est surtout sur les compromis entre classes sociales que les regards convergent. Dans les années 60-70, c'est l'État providence scandinave qui a été particulièrement étudié, car il incarnait une sorte d'achèvement des trajectoires historiques : niveau élevé de protection sociale, offre importante de services sociaux, droits liés à la citoyenneté, financement par un impôt fortement progressif. Aujourd'hui, c'est surtout la performance de gestion du secteur public et sa capacité à se réformer qui sont admirées.

L'ouvrage qui synthétise probablement le mieux les analyses des années 80 et qui a connu la postérité la plus grande est « *The Three Worlds of Welfare Capitalism* », publié en 1990 par le sociologue danois Gøsta Esping-Andersen. Cet auteur définit trois idéaux-types majeurs d'États providence :

- le modèle conservateur (Europe continentale), corporatiste car fondé sur une organisation par type de métier et étatiste, car la place laissée aux partenaires sociaux est faible. Les dépenses sociales sont élevées, les indemnités basées sur les revenues ou les cotisations.

- le modèle social-démocrate scandinave : une part substantielle des richesses est redistribuée sur la base de principes universalistes et égalitaristes. La part des dépenses sociales est au moins aussi élevée que dans le modèle conservateur, mais l'organisation de la solidarité est très différente : les transferts publics sont ouverts à tous, indépendamment du revenu. Les services publics sont ouverts à tous les citoyens, par opposition au mode de financement sur cotisation. Ce sont les pays où les prélèvements obligatoires sont les plus élevés.

- le modèle libéral : le modèle libéral est bâti en opposition au modèle conservateur, cherchant à abolir les privilèges de l'ancien régime, et confiant au marché et à la concurrence le rôle d'assurer l'égalité des chances et l'universalisme. Il repose sur un principe de responsabilité individuelle, avec des transferts sociaux faibles et conditionnés aux niveaux de ressources.

Malgré la crise des années 90 en Suède et la tendance de passer d'un modèle d'État providence universaliste vers un modèle plus libéral et davantage soumis au marché, fondamentalement, le changement reste limité. Ainsi, il y a dans les services médicaux suédois une nette tendance à l'accroissement de la proportion des dépenses privées, mais ils sont toujours financés de manière publique dans des proportions plus importantes que dans tout autre pays. Concernant le taux de compensation des allocations, si les prestations d'assurance maladie et de congé parental ont diminué en Suède depuis les années 90, les allocations chômage sont devenues plus généreuses. Dans tous les cas, les revenus de remplacement sont plus élevés que la moyenne internationale. En fait, l'État providence suédois a changé depuis les années 90 dans un sens libéral, mais les mutations ne sont pas suffisamment significatives pour transformer le modèle original.

La typologie d'Esping-Andersen fait de la confiance un facteur important et différenciant des modèles. En effet, la confiance est favorisée dans le modèle social-démocrate par le nivellement des inégalités, l'égalité des prestations et la transparence. Si les pays libéraux sont plus inégalitaires, cela grève moins la confiance que la redistribution corporatiste et obscure car complexe du modèle conservateur.

L'ouvrage d'Esping-Andersen a clos cette seconde grande période d'étude du modèle scandinave, modèle terni par la crise économique profonde du début des années 90 dans les pays scandinaves.

Après une éclipse d'une bonne dizaine d'année, les délégations internationales d'hommes politiques, de syndicats, d'experts, sont nombreuses à reprendre la route de Stockholm. Les 28 et 29 août 2006 par exemple, le ministre de l'éducation nationale Gilles de Robien s'est rendu à Stockholm et Uppsala pour s'inspirer du modèle éducatif suédois. Le 11 novembre 2007 Eric Woerth était en Suède pour voir les dernières innovations de l'administration électronique suédoise. Les 5 et 6 décembre 2007, Dominique Perben était à Stockholm pour réfléchir sur la modernisation des métropoles urbaines.

L'imaginaire des visiteurs actuels est peuplé de politiques sociales pionnières, de réformes audacieuses, de politiques pragmatiques et consensuelles. La Suède représente des sources d'inspirations, des gisements de réponses aux tensions qui se créent aujourd'hui. Elle est exportatrice de modèle, dépositaire de savoir-faire exemplaires, et les livres et articles qui lui sont consacrés sont de nouveau légion.

A l'issue de ce tour d'horizon rapide de l'étude du modèle suédois, force est de constater que depuis quatre-vingt ans, les livres, articles et discours vantant les mérites du modèle suédois se succèdent et déploient un argumentaire extrêmement constant dans le temps. Or, malgré toutes ces études et tous ceux qu'elles ont pu inspirer (Pompidou répondait toujours, quand on lui demandait quelles étaient ses modèles en politique : *Jaurès et le modèle suédois*), force est de constater aujourd'hui que le modèle suédois n'existe nulle part en dehors de la Scandinavie ! La prudence semble donc de mise quant aux possibilités d'importer le modèle suédois en France, d'autant que, comme nous allons le voir dans le prochain paragraphe, les copies même de mesures techniques limitées ne donnent pas toujours les résultats escomptés.

B. L'IMPORTATION SEMBLE DIFFICILE

1. Quelques exemples de mesures importées

a. La formation professionnelle

Prenons comme premier exemple la formation professionnelle. On sait que la Suède est particulièrement réputée dans ce domaine, avec par exemple des universités populaires très fréquentées depuis le XIXème siècle. La France a pris plusieurs grandes lois dans les années 70 pour essayer de rattraper son retard en ce domaine : lois sur la participation des employeurs au financement des formations, sur les conventions de formations professionnelles continues et enfin sur la création d'un centre pour le développement de l'information sur la formation permanente. Elles ont été largement inspirées de la législation suédoise.

Mais quel est le résultat 30 ans après, sachant que beaucoup d'efforts ont été faits depuis en la matière en France ?

Si l'on compare les situations française et suédoise actuelles, on constate tout d'abord des écarts quantitatifs importants. Le graphique suivant montre la proportion d'actifs de 25 à 65 ans ayant participé à au moins une formation au cours de l'année 2006.

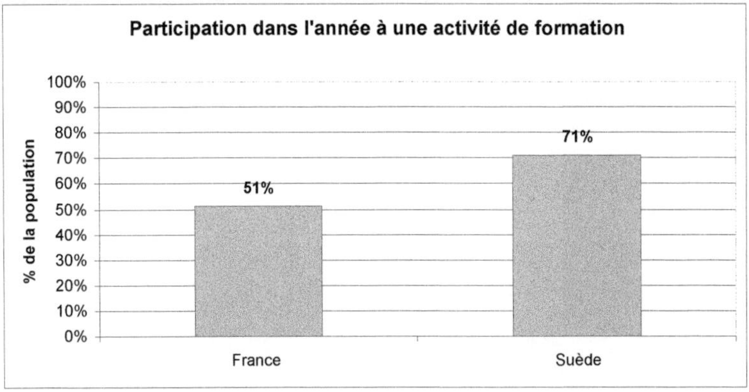

Fig. 13 : Proportions d'actifs ayant participé à une activité de formation (données Eurostat 2006)

On constate d qu'une proportion bien plus importante de la population active suédoise s'est formée durant l'année.

Mais peut-être plus significatif encore que l'écart quantitatif, regardons les différences qualitatives. Nous allons voir le même graphique que précédemment mais détaillé par niveau de qualification de la population.

- Population active peu qualifiée (n'ayant pas obtenue le baccalauréat) :

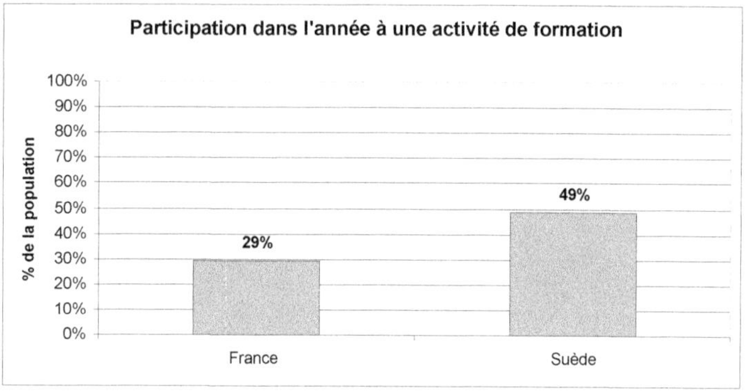

Fig. 14 : Proportions d'actifs peu qualifiés ayant participé à une activité de formation (données Eurostat 2006)

On constate une moindre formation continue de cette catégorie de travailleurs par rapport à la moyenne, mais les écarts entre la France et la Suède restent du même niveau.

- Population active de niveau de formation baccalauréat :

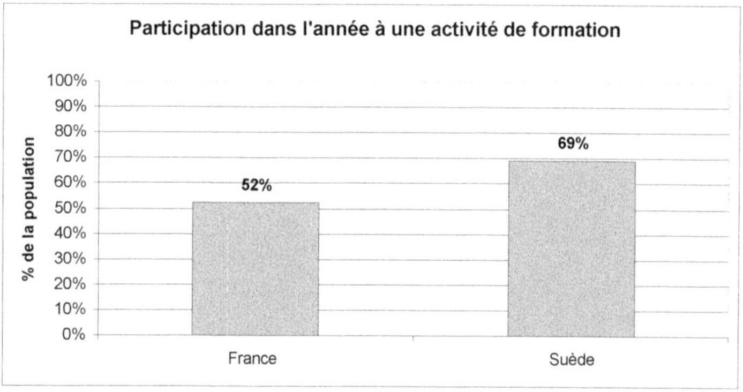

Fig. 15 : Proportions d'actif de niveau bac ayant participé à une activité de formation (données Eurostat 2006)

On constate ici des taux de formation continue plus élevés que dans le graphe précédent, mais les écarts entre la France et la Suède restent similaires.

- population active très qualifiée (ayant obtenue un diplôme universitaire) :

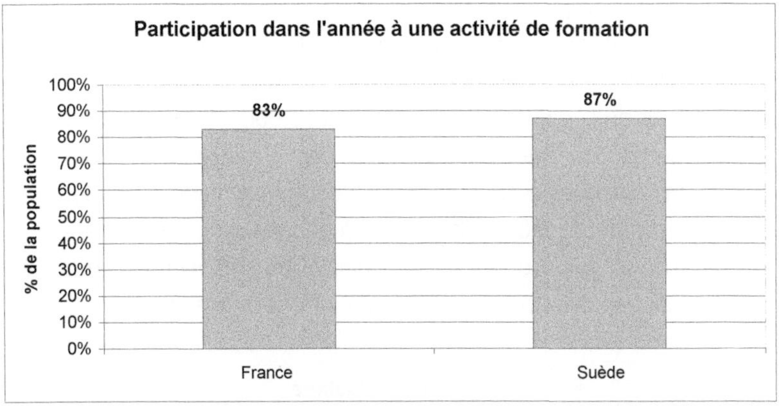

Fig. 16 : Proportions d'actifs très qualifiés ayant participé à une activité de formation (données Eurostat 2006)

Ici, la France semble faire quasiment aussi bien que la Suède. Cela signifie qu'en France, beaucoup plus qu'en Suède, ce sont les plus qualifiés qui bénéficient du système de formation continu, alors que ce sont a priori ceux qui en ont le moins besoin, leur formation initiale leur permettant déjà une bonne adaptabilité aux évolutions du monde professionnel.

De plus, l'impact sur la carrière professionnelle de ces formations est beaucoup plus faible en France qu'en Suède. Ainsi par exemple, 50 % des ingénieurs suédois ont acquis leur titre au cours de leur vie par formation professionnelle, contre 10 % en France.

b. Les lois budgétaires

Autre exemple de lois d'inspirations identiques qui produisent des résultats différents : les lois organiques régissant le cadre juridique des lois de finance, qui règlent le budget.

La France a voté en 2001 la LOLF, loi organique relative aux lois de finance, véritable révolution dans la manière de gérer le budget de l'État. De l'aveu même de ses concepteurs, les parlementaires Didier Migaud et Alain Lambert, l'équivalent suédois de la LOLF (voté en Suède au début des années 90) les a fortement marqués. Ils se sont d'ailleurs rendus en Suède à plusieurs reprises pour travailler ce sujet.

L'objectif de ces réformes des lois cadres budgétaires était notamment de permettre un meilleur contrôle des finances publiques par le parlement, une meilleure gestion du budget par l'administration, ce qui devait permettre de faciliter la réduction des déficits publics.

Regardons maintenant les trajectoires respectives des soldes budgétaires des deux pays depuis le début des années 90 :

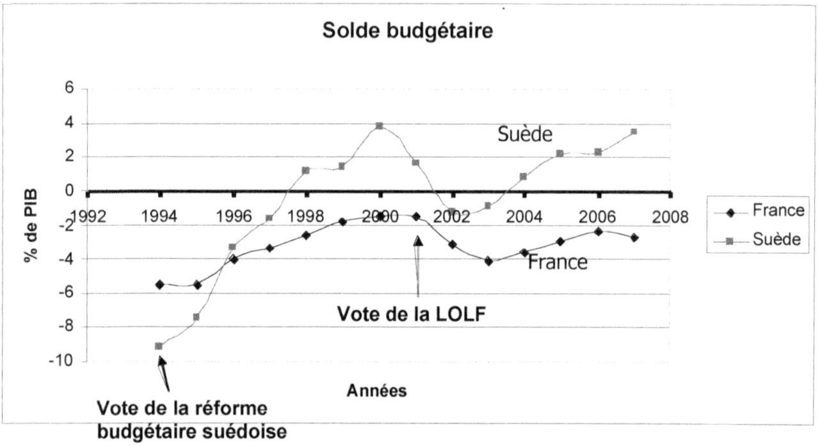

Fig. 17 : Soldes budgétaires comparés de la France et de la Suède (Eurostat 2007)

La réforme budgétaire suédoise a été votée en pleine crise en Suède au début des années 90, en même temps qu'un grand programme d'économie était adopté. Depuis, les finances publiques suédoises ont suivi un cheminement vertueux et dégagent régulièrement des excédents, ce qui correspond à l'objectif initial de la loi.

En France la LOLF a été votée en 2001 et est pleinement en vigueur depuis 2006. Ses effets sur les finances publiques françaises ont du mal à se faire sentir.

En Suède, l'état des finances publiques à long terme est un grand sujet de préoccupation. De tels graphes, qu'on retrouve souvent dans les médias, le prouvent :

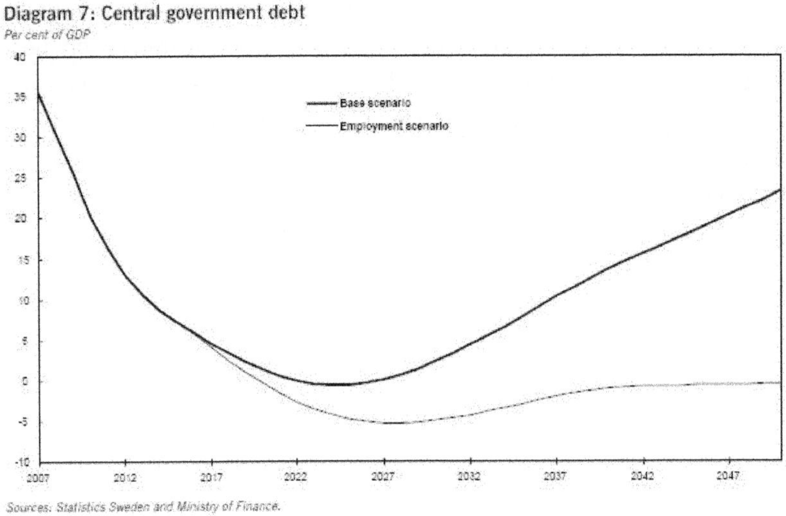

Fig. 18 : Projection d'évolution de la dette de la Suède (ministère des finances suédois)

Tout le monde en Suède est soucieux de la durabilité du modèle social, et est donc assez inquiet de l'augmentation des dépenses publiques qui résulteront du vieillissement de la population à partir de

2025. C'est pour cela que la Suède se contraint aujourd'hui à dégager des excédents au lieu de baisser les impôts. Force est de constater que cette vision de long terme dans les finances publiques n'existe que peu en France.

Ainsi, aussi bien au niveau de la formation continue que des lois budgétaires, on constate des mesures techniques similaires peuvent produire, dans des contextes différents, des résultats très divers.

2. D'où vient l'erreur ?

Dans ces nombreuses tentatives d'importation de réformes, le péché originel consiste à avoir voulu appliquer en France des mesures techniques identiques à ce qui se fait en Suède, persuadés qu'elles auront nécessairement des effets identiques, alors que les contextes historiques et culturels sont trop différents. Pour illustrer cela, nous nous proposons de prendre l'exemple de l'État providence suédois, qui est proposé très souvent à l'État français comme modèle à l'aune duquel il devrait se ressourcer.

4. Des différences culturelles trop importantes

A. L'EXEMPLE DE L'ÉTAT PROVIDENCE

Nous soutenons que l'État providence suédois s'appuie en schématisant sur trois grands piliers, trois grands consensus sociaux qu'on ne retrouve pas en France, ou différemment :

- d'abord, les citoyens souhaitent que les solidarités soient prises en charge par les pouvoirs publics, et considèrent les services rendus comme étant de valeur, afin d'accepter de cotiser pour celui-ci.

- ensuite, le gouvernement offre d'une manière impartiale et juste ce qu'il a promis : c'est la confiance dans les institutions publiques.

- enfin, que les citoyens croient que leurs concitoyens contribueront aussi loyalement au programme. C'est la confiance entre les citoyens.

1. La prise en charge des solidarités par l'État[22]

Le système public suédois au sens large (État, collectivités locales et établissements publics) explique de manière très claire qu'il prend en charge des solidarités qui, dans d'autres nations, relèvent de systèmes privés, associatifs ou familiaux. Qu'il s'agisse de l'éducation des enfants (les crèches sont accessibles à tous, leurs montants sont plafonnés, les études sont gratuites, tous les enfants reçoivent une bourse à partir de 18 ans...), de la prise en charge des handicapés et des personnes âgées, de la médecine (qui est totalement publique en Suède), des retraites, chaque fois le dispositif public est complet et à vocation à s'adresser au plus grand nombre, si ce n'est à toute la population. D'où au passage la difficulté majeure exposée au début de cet ouvrage : pour satisfaire l'ensemble de la population à laquelle les services sociaux s'adressent, ceux-ci doivent en permanence offrir des prestations au meilleur état de l'art, faute de quoi la tranche aisée de la population préfèrerait faire appel aux systèmes de solidarité privés, entraînant un déclin du consentement à payer et une rupture des solidarités. Ce maintien au meilleur niveau coûte extrêmement cher.

Un transparent qui nous a été présenté par l'agence des affaires sociales illustre le fait que c'est bien l'État qui assume les besoins de solidarité lorsqu'une personne ne peut subvenir à ses besoins propres.

---

[22] A ne pas confondre avec l'étatisme dont on accuse souvent la France, qui consiste à réglementer l'ensemble des domaines de la société civile dans ses moindres détails, vidant le dialogue social de son contenu (fixation du salaire minimum...), entravant la concurrence. En Suède, l'action des services publics laisse une large part aux collectivités locales et au dialogue social.

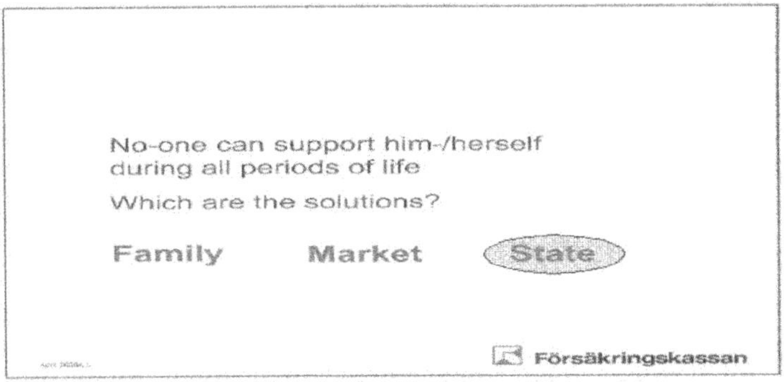

Fig. 19 : Diapositive d'une présentation de l'agence suédoise de sécurité *sociale (2008)*

Nous ne pensons pas que l'État français afficherait aussi clairement dans ses communications officielles que c'est l'État qui prend en charge toutes les solidarités.

Quelles peuvent être les explications à cette originalité suédoise ?

Nous en proposerons trois, dont deux historiques par lesquelles nous débuterons.

a. Une histoire particulière

Après la Réforme et la prise de contrôle du clergé par le roi, le développement de l'État suédois s'est largement appuyé sur les prêtres, qui se mirent à agir à la fois comme les représentants de Dieu et du roi. Du fait du faible peuplement des villages, de structures familiales moins fortes que dans d'autres pays (la tradition voulait que les enfants partent dans d'autres villages travailler et chercher une épouse), ce sont généralement les prêtres qui ont organisé dans les paroisses les solidarités, et porté assistance aux pauvres. La population s'est donc habituée à voir l'État, par l'intermédiaire de ses prêtres, jouer un rôle d'assurance sociale, et ce depuis plusieurs siècles. Il faut souligner que l'État avait dans ce cadre une image proche, familière, il n'était pas extérieur à la population ou à la paroisse mais bien inscrit dans le village, avec une grande autonomie locale. Cela a contribué à façonner une relation très particulière entre la population et l'État, très différente de celle qu'on connaît en France par exemple, où l'État est une entité abstraite, parisienne, centralisée, loin des gens, dont on attend beaucoup mais dont on se méfie également.

b. L'avènement précoce de la social-démocratie

Au sein de la gauche suédoise, les révolutionnaires ont toujours été minoritaires face aux partisans de la participation réformiste à la vie politique nationale. Cela a permis à la gauche social-démocrate de peser très tôt, dès la fin du XIXème siècle, dans la vie politique nationale (et elle a formé son premier cabinet dès les années 20), et, de concert avec les grands syndicats également puissants dès cette époque, d'engager le pays sur la voie de réformes sociales initiées par l'État. Ainsi, un système de retraite fut institué en 1913, une assurance maladie en 1916, et un mécanisme d'assurance chômage en 1934.

Ce développement précoce de l'État providence, dans la continuité du travail social accompli par les prêtres, a pu décourager l'émergence d'autres formes de prise en charge, privées notamment.

Au-delà de cette histoire particulière, des recherches récentes mettent en avant le rôle de l'homogénéité de la population comme facteur explicatif à un développement important de la protection sociale publique.

c. Le rôle de l'homogénéité ethnique[23]

Deux professeurs d'économie de Harvard, Edward Glaeser et Alberto Alesina[24] ont mis l'accent sur l'homogénéité ethnique et culturelle comme facteurs explicatifs de politiques sociales favorisant le consensus social. Ils se demandent pourquoi le système de protection sociale est tellement plus généreux en Europe qu'aux États-Unis. Ils avancent l'hypothèse que l'hétérogénéité ethnique, plus importante aux États-Unis qu'en Europe, serait une explication majeure. Même si l'on considère les différents États des États-Unis, on observe que plus la population d'un État est hétérogène, plus sa politique sociale est limitée. Elle est relativement généreuse dans les États très majoritairement blancs du nord (par exemple l'Oregon, le Minnesota ou le Vermont). En revanche, elle est nettement insuffisante dans le sud, bien plus hétérogène sur le plan ethnique.

En fait, beaucoup d'expérimentations et de sondages montrent que l'on a davantage confiance, et l'on établit plus facilement des liens, avec des personnes qui vous ressemblent, par exemple parce qu'elles appartiennent à la même ethnie. D'après les auteurs, cette différence expliquerait par exemple que, selon une enquête du World Value Survey, 60 % des Américains pensent que les pauvres sont paresseux contre seulement 26 % des Européens. La solidarité est donc plus forte entre Suédois appartenant à la même culture qu'entre par exemple des Américains d'origine anglo-saxonne et des Américains noirs ou hispaniques. Ce qui s'explique notamment par le fait que les individus attribuent une utilité positive à l'amélioration de la situation des membres

---

[23] Ce développement sur l'homogénéité ethnique est largement repris de « André Grjebine, Norvège, avantages et aléas de la cohésion sociale, les études du CERI n°130, novembre 2006 »

[24] Alesina et Glaeser, Fighting poverty in the US and in Europe : a world of difference, Oxford university press, 2004.

de leur groupe et une utilité négative à ceux appartenant à d'autres groupes. Ce qu'Alberto Alesina et Eliana La Ferrara[25] formalisent en montrant que, dans une population hétérogène, l'utilité pour un individu de participer à un groupe dépend positivement de la part de membres de ce groupe du même type que lui et négativement de la part de membres d'autres types. Dans le même esprit, diverses études, citées par ces auteurs, montrent que la fragmentation ethnique est corrélée négativement avec la qualité des infrastructures et avec le manque d'instruction.

Benjamin Friedman[26], professeur à Harvard, suggère que les comparaisons de richesse sont plus dangereuses pour la société si riches et pauvres appartiennent à des groupes ethniques différents. Ces comparaisons acquièrent alors une tonalité politique, ce qui catalyse les conflits sociaux, qui ont eux-mêmes des répercussions négatives sur l'économie. Ainsi, la réussite économique de la Corée du Sud doit beaucoup, selon lui, à l'homogénéité ethnique du pays, qui modère le sentiment de jalousie devant la réussite d'autrui. Au contraire, le développement du Sri Lanka, dont le niveau de vie était il y a quarante ans proche de celui de la Corée, a été bloqué parce que la minorité tamoule se sentait lésée par la majorité cingalaise du pays, ce qui a entraîné un conflit ethnique. Aujourd'hui, le revenu par habitant du Sri Lanka représente le cinquième de celui de la Corée.

Alesina et Glaeser ont défini en 2004 un indice de segmentation de la population selon des critères ethniques, linguistiques et religieux. Chaque

---

[25] Alesina et La Ferrara, Ethnic diversity and Economic Performance, NBER, working paper n°10313, february 2004.

[26] Friedman, The Moral Consequences of Economic Growth, Ed. Hardcover, octobre 2005.

segmentation est mesurée de 0 à 1 indique un pays parfaitement homogène, 1 un pays dont la population est infiniment diversifiée.

Indices de segmentation :

	Ethnique	Linguistique	Religieuse
Belgique	0,56	0,54	0,21
Danemark	0,08	0,10	0,23
France	0,10	0,12	0,40
Allemagne	0,17	0,16	0,66
Italie	0,11	0,11	0,30
Pays-bas	0,11	0,51	0,72
Norvège	0,06	0,07	0,20
Espagne	0,42	0,41	0,45
Suède	0,06	0,20	0,23
Suisse	0,53	0,54	0,61
Royaume-Uni	0,12	0,05	0,69
Etats-Unis	0,49	0,25	0,82

Fig. 20 : Indice de segmentation linguistique (Alesina & Galser, 2004)

Ce tableau montre bien que la Suède et les pays scandinaves plus généralement connaissent encore aujourd'hui une très grande homogénéité sur les plans ethnique, linguistique et religieux, en dépit de l'immigration assez importante qu'ils connaissance depuis une trentaine d'année. C'est également vrai sur le plan économique : la Suède avait en

2005 le coefficient de Gini[27] (qui mesure l'inégalité des revenus au sein d'une population) le plus faible au monde après le Danemark et le Japon.

Ainsi, jusqu'à nos jours en fait, et particulièrement jusque dans les années 70, la Suède a eu un tissu social exceptionnellement homogène.

Si l'on en croit les articles précédents, cette homogénéité pourrait avoir joué un rôle déterminant dans l'avènement précoce d'un système social-démocrate, selon le principe suivant lequel on est naturellement plus solidaire avec ceux qui nous ressemble, et donc plus enclins à faire prendre en charge les solidarités par des systèmes publics financés par impôts.

Dès lors que les citoyens ont chargé les pouvoirs publics plutôt que des services privés de récolter l'argent nécessaire au financement des services et des allocations qu'ils demandent, la question cruciale est de savoir si l'État offrira aujourd'hui et demain ce qu'il avait promis hier (retraites, éducation au collège pour l'enfant, services médicaux...), et s'il le fera de manière juste, satisfaisante et impartiale. Nous abordons ici le deuxième pilier de l'État providence suédois : la confiance dans les institutions.

2. La confiance dans les institutions

Beaucoup d'éléments confirment que les Suédois ont beaucoup plus confiance que les Français dans leurs institutions. Les sondages par exemple : à la question du « world values Survey » : « avez-vous confiance dans votre parlement », les Suédois répondent plus souvent *« quite et a lot »* (45,6% contre 37,7%) et surtout beaucoup moins *« not at all »* (6,2% contre 23,4%) que les Français. Le consentement à payer les impôts est un autre indice important de la satisfaction de la population

[27] Human Development Report, 2007/2008, UNDP

vis-à-vis des services publics rendus : alors que la Suède est le pays au monde avec le Danemark où les prélèvements publics sont les plus élevés, tous les partis politiques savent que le thème de la baisse des impôts n'est pas politiquement porteur[28]. C'est d'ailleurs une des raisons avancées à la défaite de la droite aux élections de 2002 : ils avaient promis des réductions d'impôts trop importantes.

Autre exemple : les Suédois reçoivent à la naissance un identifiant qui va les suivre toute leur vie. Plus que leur nom et prénom, c'est un véritable sésame dans la société auquel sera attaché leur éducation, leur carnet de santé, leur déclaration d'impôts... Le fait que les citoyens aient permis le regroupement d'autant de données personnelles autour d'un même numéro unique est significatif de la confiance qu'ils ont dans le bon usage qu'en feront les institutions publiques.

Mais quelle est l'origine de cette confiance ?

a. Une explication historique

L'État a toujours eu une bonne image chez les paysans, il apparaissait comme protecteur. Cela est dû au très faible nombre d'habitants dans les villages, qui n'étaient même pas des regroupements de famille. Ces villages faiblement peuplés, peu capables de s'administrer et incapables de se défendre contre les agressions extérieures et étaient demandeurs d'intervention de l'État. La subordination du peuple à l'autorité se réalise par l'intermédiaire de la tradition d'autonomie individuelle et locale (assemblées locales, rôle important du prêtre comme représentant de l'État plus autonome qu'un fonctionnaire), empêchant l'État de trop étendre son pouvoir. Ainsi, c'est par l'intégration de ces aspects :

---

[28] Il faut également expliquer ici qu'une très large proportion de la population suédoise (jusqu'à 60%) touche des subventions publiques (hors allocations familiales). Ce large système d'aides publiques, mis en place par les socio-démocrates en partie pour s'assurer une clientèle, fait que beaucoup de Suédois se sentent menacés par toute baisse d'impôts.

confiance et attentes envers le pouvoir, traditions d'obéissance et d'autonomies individuelles que s'est développée la relation particulière des Suédois à l'État.

b. La culture de la transparence

La confiance dans les institutions publiques s'explique également par le très haut niveau de transparence exigé par la population et à laquelle doivent se plier ces institutions.

La transparence de l'action publique est un principe constitutionnel, qui est mis en place de manière très exigeante. Depuis la loi de 1766 sur la transparence et la liberté de la presse (on avait alors retrouvé les caisses du royaume complètement vides et le roi avait alors dû autoriser un audit), chacun a le droit de prendre connaissance de tout document reçu ou envoyé par un service public national ou local, même sans motivation apparente. La mise à disposition des documents doit être facile, rapide et gratuite. Lorsque le document est classé *hemlig*, l'unique classification de secret en Suède, le fonctionnaire saisi doit réexaminer si la classification était justifiée, car dans le doute, la transparence doit l'emporter sur le secret.

Les fonctionnaires disposent par ailleurs d'un véritable droit de fuite, qui leur permet de communiquer avec la presse sans être inquiétés. Dès lors, les choses vraiment secrètes ne sont pas écrites, mais le seuil du secret est vraiment très élevé.

Ce principe permet donc aux journalistes et aux citoyens de suivre de très près le travail des élus ou de l'appareil d'État, puisque tout est accessible sauf ce qui concerne la correspondance privée et ce qui relève de la sûreté de l'État ou de l'intégrité de la personne.

Principe qui manque parfois son but : la peur du contrôle conduit à la destruction ou à la dissimulation de traces résumé par l'adage des fonctionnaires suédois « jamais par écrit lorsque c'est problématique ».

La loi de 1766 sur la transparence a également donné aux citoyens les moyens de se plaindre de leur administration, en créant un fonctionnaire auprès du roi pour collecter les plaintes concernant les abus de pouvoirs et autres mauvaises pratiques. En 1809, le poste d'Ombudsman (médiateur) parlementaire (élu par le parlement) fut institutionnalisé, et il fut acté qu'il bénéficierait d'une totale indépendance, tant par rapport au roi que par rapport à ses électeurs, le parlement. Cet exemple a influencé de nombreux pays dans le monde. Ainsi en France, le poste de médiateur de la République, ou à Bruxelles, le poste d'Ombudsman européen est directement issu de cette idée. Il en existe désormais plusieurs en Suède : un pour l'égalité des chances, un pour les enfants, un pour les handicapés... Ils reçoivent les plaintes des citoyens et ont pour devoir de défendre le simple citoyen contre l'administration. S'ils n'ont aucun véritable pouvoir formel, leurs avis pèsent lourd.

c. Le rôle particulier des journalistes

La presse est une institution très puissante en Suède. La liberté de la presse remonte à 1776. Elle joue un rôle de contrôle des institutions très important, facilité par la grande transparence des pouvoirs publics, nous venons d'en parler, ainsi que par la grande disponibilité des dirigeants du pays (un journaliste peut très facilement solliciter un rendez-vous avec un ministre pour l'interviewer sur un point précis).

Par ailleurs, le mécontentement social se manifestant en Suède plus par la grogne discrète de la population que par des manifestations spectaculaires à la française, les journaux jouent également un rôle social essentiel en relayant ces mécontentements.

La presse est considérée comme neutre. Un journaliste suédois nous a ainsi expliqué que son journal ne publiait pas systématiquement les tribunes envoyées par les ministres, ils ne retenaient que celles qu'ils jugeaient suffisamment intéressantes ! Les journalistes jouissent d'une grande confiance et il y a peu de copinage entre les journalistes et la classe politique. Le off n'est pas pratiqué : tout ce qui est dit à un journaliste est susceptible d'être répété.

Le principal quotidien est le Dagens Nyheter, qui tire à 350 000 exemplaires, (soit plus que le Figaro et le Monde !) ce qui lui assure 900 000 lecteurs, 10% de la population. La compétition est féroce avec le Svenska Dagbladet, l'autre grand journal de Stockholm, d'une sensibilité plus libérale. Le lectorat s'effrite un peu, ainsi dans les années 70, le Dagens Nyheter tirait à 450 000 exemplaires. Mais depuis une décennie environ, les ventes sont stabilisées. La Suède est également le pays qui a inventé le quotidien gratuit avec le groupe Metro.

d. La confiance... dans le contrôle

La confiance dans les institutions publiques est donc loin d'être accordée gratuitement par la population suédoise. Associée à l'exigence de transparence, le contrôle social sur ces institutions est terrible. Ces dernières en sont réduites à rechercher en permanence à donner des gages de bonne conduite, de bonne gestion, d'écoute de la population et de transparence : extension et régularité des processus de consultation (chaque loi, chaque prise de décision est précédée de consultations larges et publiques de toutes les parties prenantes), transparence de la classe politique, système centralisé de négociations collectives, recherche de compromis et de solutions modérées, approche pragmatique des problèmes, défense de l'égalité sociale...

Au niveau des comportements individuels, la corruption ou le détournement de fonds publics sont très mal considérés (Avec un certain succès : la Suède est 4ème au classement mondial 2007 des pays les moins corrompus).

Cela va jusqu'à l'affaire dite « du Toblerone » en 1995. En octobre de cette année en effet, le journal Expressen a révélé que Mona Sahlin, qui était alors numéro deux du gouvernement, et principale candidate à la succession de Göran Person au poste de Premier ministre, a dépensé près de deux mille couronnes suédoises (environ 200 euros) sur sa carte bleue professionnelle pour des dépenses privées, du chocolat et des cigarettes notamment. Elle avait également utilisé la carte pour acheter des vêtements, et de louer une voiture. **L'argent a toujours été remboursé**, et Sahlin a également fait valoir que la sa carte bleue professionnelle et sa carte bleue privée se ressemblent énormément, et que certaines dépenses personnelles ont été payées de façon non intentionnelle avec sa carte professionnelle. Sahlin a décidé de porter l'affaire devant le tribunal pour prouver son innocence et être lavée de toutes les accusations de faute grave. Au cours de cette controverse, il a également été révélé que Sahlin eu de nombreuses amendes de stationnement impayées, et qu'elle a souvent manqué ou payé en retard ses factures de garde d'enfants à la crèche.

Fig. 21 : Caricature de Mona Sahlin parue au moment de l'affaire. On reconnaît le toblerone et les cigarettes achetés avec sa carte bleue professionnelle. (www.huttunen.se - Leif Zetterling)

Au final, le 16 Octobre 1995 Sahlin a déclaré qu'elle se retirait de la vie politique pour quelques temps, et le 10 Novembre elle a annoncé sa démission du gouvernement suédois ainsi que de la direction du Parti social-démocrate.

Plus récemment, les journaux ont révélé en 2006 que Mme Borelius, ministre du commerce, avait employé des jeunes filles au pair sans le déclarer à l'administration, ce qui représentait une fraude fiscale de 3000 euros environ. Sa collègue Mme Stegö Chilò, ministre de la culture, a quant à elle été accusée de ne pas avoir payé sa redevance télé pendant quinze ans. Ces révélations ont contraint les deux ministres en question à la démission.

On voit ainsi à l'œuvre le pouvoir de contrôle des journalistes que nous avions évoqué rapidement au paragraphe précédent.

Dans le même sens, l'encadré suivant développe la modestie ostentatoire à laquelle sont tenus les élites et particulièrement les hommes politiques scandinaves.

Sur la modestie ostentatoire des élites suédoises et scandinaves[29]

La Suède a une tradition aristocratique autochtone très ancienne. Cette classe dirigeante était respectée, on n'en trouve pas l'équivalent en Norvège, peuple de marins et de paysans, ni au Danemark, peuple de commerçants. Il existe également une aristocratie industrielle que l'on ne trouve nulle part ailleurs en Scandinavie, porteuse d'une grande valorisation de la technique et du métier d'ingénieur. Cette aristocratie est très bien tolérée à condition qu'elle se conduise comme tout le monde.

Voici pour illustrer cela ce qu'on a pu lire dans un grand journal suédois au début de l'année 2008 :

"Carl Gustav XVI était en tort car il n'a pas respecté la distance de sécurité avec la voiture qui roulait devant lui. Toutefois, la police suédoise a tenu a précisé que, aucun dommage important n'étant à déplorer, le Roi ne ferait l'objet d'aucune poursuite judiciaire."

Les hommes politiques de leur côté sont toujours tiraillés par une tension entre impératifs de majesté et de proximité, mettant en œuvre respectivement une logique de distinction et de représentation. Un mandataire se doit d'être relativement proche de ceux qu'ils représentent

[29] Ce paragraphe est en grande partie extrait de : Jean-Paul Daloz, Sur la modestie ostensible des acteurs politiques au nord du 55ème parallèle, Revue internationale de politique comparée, vol 13 n°3, 2006

et d'incarner une certaine éminence, ne serait-ce que pour être crédible dans sa fonction de porte-parole confronté à des concurrents se proclamant les champions d'autres groupes.

De ce point de vue, de manière générale, les Suédois font preuve d'une intransigeance remarquable et évoquent volontiers Tage Erlander qui a restitué jusqu'à son stylo après avoir servi au poste de premier ministre de nombreuses années.

Quant aux véhicules

La majorité des personnalités se rendent à leur bureau en métro, bus ou à vélo. Lorsqu'elles empruntent un véhicule officiel, c'est qu'elles y ont été contraintes par les services de sécurité, ce qu'elles ne manquent pas de rappeler aux médias.

En Norvège, seuls le Premier ministre et ceux de la défense et des affaires étrangères ont droit en permanence à une voiture de fonction avec chauffeur, tous les autres doivent utiliser un parc avec réservation.

Les passe-droits sont intolérables. En Norvège toujours, une polémique a éclaté il y a quelques années au sujet de l'utilisation potentielle par le véhicule du Premier ministre des couloirs de bus !

Le luxe est fort mal vu. L'acquisition par le premier ministre suédois Göran Person d'une BMW, ou d'une Mercedes par la présidente finlandaise Tarja Halonen ont suscité des commentaires ironiques dans les journaux.

De manière générale, les journaux sont à l'affût du moindre stationnement abusif, infraction ou utilisation personnelle d'un véhicule de fonction de la part du personnel politique

Ainsi à Helsinki, les parlementaires ont une carte leur permettant d'utiliser le taxi. Les journaux décernent tous les ans le titre de "roi du taxi", invitant les parlementaires à la modération !

Quant aux résidences

Les élites politiques occupent rarement de luxueuses résidences. Et quand c'est le cas, mal leur en prend : l'acquisition par Göran Person d'une ferme entourée de quelques terres n'a pas fini de défrayer la chronique. Idem pour la piscine d'une dirigeante conservatrice norvégienne.

Les députés finlandais de circonscriptions éloignées ont droit à un petit appartement dans la capitale. Les bureaux sont standardisés, l'individualisation limitée. En revanche, faire pénétrer les journalistes dans son intimité est bien vu et largement utilisé par tous les hommes politiques

Quant aux restaurants

Ici encore, le contrôle est terrible. Chaque citoyen peut se faire communiquer les notes de frais de n'importe quel homme politique. Un article entier a été consacré au fait que Göran Person a, dans le cadre des célébrations de sa victoire en 2002 acheté des chocolats à la menthe « particulièrement onéreux » dans un « magasin prestigieux ».

Le maire de Stockholm Mats Hults a dû démissionner pour avoir trop dépensé dans les restaurants de la ville en compagnie de ses collaborateurs.

Quant à la vie privée

Les hommes politiques sont réservés sur l'intrusion des médias dans leur vie privée, mais quand ils le font, c'est afin de donner des gages de banalité, ce qui est très apprécié.

Le premier ministre suédois Thorbjorn Falldin a été photographié lavant ses chaussettes dans son petit appartement de Stockholm.

Dans ce monde égalitaire, utiliser du personnel domestique est très mal vu. Ainsi, avoir une jeune fille au pair par exemple n'est pas apprécié des citoyens, il est "plus démocratique" de mettre ses enfants à la crèche.

Quant aux attitudes

Simplicité et maîtrise de soi sont essentielles. Les candidats aux élections écoutent traditionnellement les résultats côte à côte, impassibles.

Aussi, trop de facilité intellectuelle peut nuire. En 1976, un fameux débat a opposé Olof Palm et Thorbjorn Falldin (ce dernier, candidat du centre, étant représenté sur ses affiches en tracteur). Le premier a paru sûr de soi et largement dominé le second, lourd et hésitant. C'est le second qui a gagné, beaucoup d'électeurs ayant trouvé Olof arrogant, excessivement véhément, bref insuffisamment suédois.

De manière générale, la Suède n'est pas tendre avec ses élites. L'homme politique ne doit être que l'émanation un peu fade de la conscience du groupe.

Au-delà de la confiance dans les institutions, l'étude d'Algan et Cahuc[30] *par exemple montre que le dévouement au bien public est un facteur essentiel pour une application efficace d'un système de protection sociale comme les indemnités de chômage. En effet, même si les citoyens font confiance à l'État, la question de la confiance accordée aux autres citoyens dans leur volonté de soutenir ou non financièrement le système est cruciale. Sont-ils enclins à frauder et à éviter de payer les impôts ? Sont-ils prêts à fragiliser le système en réclamant des allocations auxquelles ils n'ont pas droit, ou au contraire accepteront-ils de respecter les règles du jeu ? Si la fraude est massive et connue de tous, le système perd la confiance des citoyens, et leur acception à le financer par les impôts diminue, menaçant l'équilibre du système.*

Nous allons développer maintenant le troisième et dernier pilier de l'État providence à la suédoise : la confiance entre concitoyens.

---

[30] Algan et Cahuc, La société de défiance, éditions du Cepremap, 2007

3. La confiance entre concitoyens

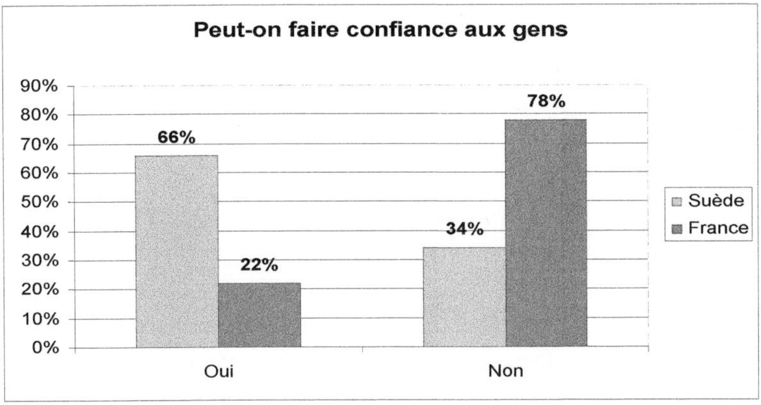

Fig. 22 : « Peut-on faire confiance aux gens ? »(World Value Survey)

A la question du World Value Survey *: « Peut-on faire confiance aux gens ? »,* si les Français sont les plus nombreux à répondre non, les Suédois sont les plus nombreux à répondre oui.

De manière générale, toutes les études sur le sens civique (taux de restitution d'un portefeuille abandonné sur un trottoir par exemple) placent la Suède dans le peloton de tête du civisme.

Mais, exactement comme pour les institutions, il ne s'agit pas de confiance gratuite mais de confiance dans le contrôle !

Une très grande transparence règne entre les gens, qu'on n'accepterait pas en France. Par exemple, il suffit d'envoyer un SMS à l'administration fiscale suédoise avec le nom et l'adresse d'une personne, pour recevoir en retour le montant de sa déclaration d'impôts.

Et ce n'est pas nouveau, car comme nous l'apprend cet échange d'une pièce de Strindberg[31]:

« *La Mère : Nous avons toujours vécu petitement...*

Margaret (domestique) : Oh non ! J'ai lu dans le journal que Monsieur était imposé pour un revenu de vingt mille couronnes parfois... »

Les revenus imposables étaient il y a un siècle publiés dans les journaux !

Toujours aujourd'hui, avec un numéro de plaque d'immatriculation, on peut retrouver très facilement le nom et le numéro de téléphone du propriétaire d'une voiture, ce qui est pratique quand on veut manifester sa désapprobation sur la conduite du conducteur.

Citons pour illustrer cette transparence et ce contrôle une Française expatriée en Suède qui nous a écrit :
« La transparence absolue : ça fait parti du caractère suédois ... les Suédois sont par nature très envieux de leur voisin qui ne doit pas avoir plus qu'eux ... ici, il ne faut pas être trop riche, ni trop pauvre ... il faut être au milieu! C'est une philosophie pour tout! »

La société veille donc, et pas seulement de manière implicite ! Un autre expatrié français en Suède nous a ainsi raconté qu'alors que tous les parents suédois donnent de l'argent de poche à leurs enfants, lui s'y refusait. Il a un jour été appelé au téléphone par l'école de ses enfants, qui lui a demandé pourquoi il ne donnait pas d'argent à ses enfants, s'il

---

[31] August Strindberg, le Pélican, 1907

se rendait compte qu'il les discriminait vis-à-vis des autres, et s'il comptait remédier à cette situation...

On le reverra plus tard dans la partie consacrée à la culture suédoise, mais disons déjà que la notion de communauté est très forte en Suède, et le principe d'autodiscipline très prégnant : il amène les Suédois à considérer que l'individu doit s'effacer devant le groupe. Les Suédois se plaisent à rappeler qu'une chaîne n'est forte que par rapport à son maillon le plus faible. Une sorte d'inhibition au développement de stratégies personnelles fortes va se développer.

Les lois de Jante illustrent ceci de façon frappante. Elles sont une réécriture des dix commandements citées dans un roman norvégien (*En flygtning krydser sit spor (Un fugitif revient sur ses pas)* d'Aksel Sandemose, 1933) et rapidement devenues très célèbres dans tout la Scandinavie :

- *ne t'imagine pas que tu sois quelqu'un d'important*
- *ne t'imagine pas que tu sois aussi bon que nous*
- *ne t'imagine pas que tu sois plus sage que nous*
- *ne te mets jamais dans la tête que tu puisses être mieux que nous*
- *ne t'imagine pas que tu connaisses plus de choses que nous*
- *ne t'imagine pas que tu puisses être mieux que nous en aucune manière*
- *ne t'imagine pas avoir une quelconque valeur*
- *il ne t'est pas permis de rire de nous*
- *ne t'imagine jamais que quelqu'un puisse s'intéresser à toi*
- *ne t'imagine pas que tu puisses nous apprendre quoique ce soit*

Lois de Jante *(JanteLagen)*

Ces dix règles sont des variations du thème unique : ne crois pas que tu aies quelque chose de spécial, ou que tu sois meilleur que nous.

L'écho extraordinaire du roman et surtout de ces dix lois est révélateur de la prégnance de la pression sociale comme stabilisateur dans les sociétés nordiques, dans lesquelles personne ne souhaite être distingué des autres. Dans un tel modèle, point besoin de chef ou d'autorité. La pression du groupe est suffisante pour assurer l'autodiscipline et orienter le groupe.

On pense alors naturellement aux descriptions de la discipline de Michel Foucault[32], qui s'applique bien à la société suédoise :
« *Ce qui permet au pouvoir disciplinaire d'être à la fois absolument indiscret, puisqu'il est partout et toujours en éveil, qu'il ne laisse en principe aucune zone d'ombre et qu'il contrôle sans cesse ceux-là même qui sont chargés de contrôler ; et absolument « discret », car il fonctionne en permanence et pour une bonne part en silence. La discipline fait « marcher » un pouvoir relationnel qui se soutient lui-même par ses propres mécanismes et qui, à l'éclat des manifestations, substitue le jeu ininterrompu des regards calculés* ».

Pour résumer, il faut trois éléments pour constituer un système de solidarité à la suédoise : que les citoyens considèrent les services rendus comme étant de valeur, afin d'accepter de cotiser pour celui-ci. De fait, l'exigence envers les services publics est particulièrement forte en Suède. Et les citoyens seront d'autant plus enclins à valoriser un service que celui-ci à une vocation universelle plutôt que catégorielle. Ensuite, que le gouvernement offrira d'une manière impartiale et juste ce qu'il a promis : c'est la confiance dans les institutions publiques. On a vu que cette confiance existait, et qu'elle était associée à un contrôle sévère des services publics. Enfin, que les citoyens croient que leurs concitoyens

---

[32] Michel Foucault, Surveiller et Punir, 1975

contribuent aussi au programme. Et effectivement, les citoyens se font confiance, sous contrôle social de la communauté.

Ces différents éléments : demande de prise en charge par l'État et forte exigence d'efficacité du service public, confiance dans les institutions et surveillance marquée de ces derniers, confiance dans les concitoyens et contrôle social fort sont à la fois à l'origine de l'État providence à la suédoise et une conséquence de ce dernier, fruit d'un processus dialectique entre la culture de la société suédoise et la réaction de celle-ci à la construction historique de la social-démocratie.

C'est en tout cas un équilibre extrêmement difficile à répliquer dans un contexte historique, culturel et social différent, d'autant qu'il n'a pas que des aspects positifs.

Plusieurs auteurs ont souligné que l'idéologie de la confiance et de la transparence repose sur un culte de l'Un, de l'homogénéité, un désir sécuritaire, et une inquiétude métaphysique de la division.

Le prix de ce contrat nordique de confiance est probablement la délégitimation du conflit, sa condamnation sociale et morale. La confiance dans la négociation et la négociation dans la confiance servent à neutraliser l'émergence de conflits et à pacifier les rapports sociaux.

Cette représentation du tout négociable construit une représentation pacifiée du champ politique où sont bannies les notions de gagnant, de perdant, de victoire et de défaite. (On a déjà souligné comment les rituels de la vie politique suédoise étaient construits autour de l'évitement des conflits). Quoi de plus différent de la culture sociale et politique française ?

C'est ce que traduit de manière plus concrète une Française résidant à Stockholm quand elle nous a écrit :

« *Impossible de s'énerver ici... C'est à la fois très reposant et très irritant! Les Suédois paniquent face aux problèmes. Les échanges d'opinions sont presque impossibles. C'est mal vu de ne pas être d'accord. Il faut juste répondre : Ah, tu crois? Et garder son opinion pour soi ... pour un Français c'est plus que difficile! »*

Après l'État providence, nous invitons le lecteur à explorer une autre institution fondamentale du modèle suédois, elle aussi profondément inscrite dans la culture suédoise : l'école.

B. Les ressorts de l'education

1. L'école suédoise

La Suède consacre 7% de son PIB à des dépenses d'éducation, soit plus que tous les autres pays de l'OCDE, à part les autres pays scandinaves (Danemark, Islande et Norvège). L'école suédoise a subi deux chocs majeurs en 1991 (décentralisation) et en 1992 (réforme du financement des écoles privées) qui ont considérablement modifié son fonctionnement.

Formation des enseignants

Contrairement à la France, les enseignants reçoivent tous la même formation universitaire spécifique à l'enseignement, comprenant une pratique dans une école ou un lycée. Ils obtiennent au bout de trois ans et demi d'études le diplôme unique de l'enseignement. Ils peuvent alors enseigner dans les classes de la première à la septième année (élèves âgés de sept à treize ans). Une année supplémentaire d'étude est nécessaire pour enseigner dans les classes de la quatrième à la neuvième année de scolarité (enfants âgés de dix à quinze ans), puis une autre année supplémentaire d'étude pour enseigner de la treizième à la dix-septième année pour des élèves de dix-neuf à vingt-trois ans.

Statut des enseignants

À leur sortie de l'école, les enseignants connaissent une période d'essais de six mois à un an pendant laquelle ils sont soutenus par un collègue expérimenté avant de pouvoir obtenir un contrat à durée indéterminée. Ils doivent adapter leur pédagogie à la demande locale sous une forte pression des familles et de l'établissement.

Un enseignant en situation difficile dans sa classe est immédiatement secondé par un collègue dont les élèves sont redéployés dans d'autres classes.

Un responsable par discipline coordonne les enseignements et les pratiques de ses collègues.

Le conseil d'administration, interpellé par les parents d'élèves, peut décider de mettre fin au contrat d'un enseignant. Celui-ci doit alors postuler dans un autre établissement scolaire en sollicitant un entretien et en présentant une lettre de motivation ou changer de profession.

Les enseignants sont incités à rester travailler dans l'établissement en dehors de leurs heures de cours. Pour ce faire, les établissements doivent proposer pour chaque pôle d'enseignement des espaces de travail personnels constitués d'un bureau équipé d'un ordinateur.

Les enseignants étaient jusqu'à récemment peu inspectés, mais le gouvernement a décidé d'augmenter le contrôle de la qualité de l'enseignement secondaire par le biais d'inspecteurs d'État. Cela dit, la culture de l'évaluation est très développée chez les enseignants, qui sont jugés bien sûr par les directeurs d'établissement, mais aussi par les élèves et leurs familles.

Cela est même officiel dans l'éducation préscolaire, où les réponses des parents à un questionnaire d'évaluation remplacent les inspecteurs.

Statut des établissements

L'État suédois a décentralisé totalement le système éducatif en 1991. L'éducation est depuis complètement à la charge des municipalités qui élaborent avec les chefs d'établissements qu'elles choisissent les programmes, les projets scolaires (en respectant les valeurs et les orientations nationales), le budget, décident du calendrier et des horaires d'ouverture. Ce sont les impôts communaux qui financent les écoles, des murs aux salaires des enseignants. Les enseignants suédois sont des employés municipaux. Leurs salaires sont librement fixés par leur école lors de leur embauche. Il existe cependant des minima à respecter.

Autre évènement majeur : la réforme des écoles privées en 1992 a favorisé le foisonnement de ces dernières. En effet, cette réforme permet aux familles d'inscrire leurs enfants à l'école de leur choix, privée ou publique, sans avoir à payer de droits de scolarité.

Les aides pédagogiques, les repas scolaires, les soins médicaux, les fournitures scolaires et les transports ne sont pas non plus à la charge de la famille.

Une fois agrées par la direction nationale de l'enseignement scolaire, les écoles privées sont financées par l'État, et doivent en échange s'abstenir de demander des frais de scolarité. Elles peuvent cependant recevoir des donations privées. Il y avait en Suède, en 1991, 90 établissements privés, fréquentés par moins de 1,5% des élèves. Il y en a aujourd'hui 900, fréquentés par 8% des élèves et 15% des lycéens.

Ce système a des avantages, il a par exemple conduit au maintien des écoles dans des zones rurales à l'initiative des parents. Aujourd'hui, la moitié des municipalités suédoises ont des écoles privées.

En revanche, d'autres communes refusent les écoles indépendantes qu'elles doivent financer comme les écoles publiques, et l'État a une vision de moins en moins précise de ce qui est enseigné, d'où la crainte des abus et, dans la Suède égalitaire, la peur que se créent des écarts considérables entre établissements.

Cette concurrence public/privé a pour but de stimuler l'école et de la rendre plus compétitive pour permettre à l'enfant d'intégrer plus facilement un monde économique plus difficile et plus sélectif.

Pour rendre cette concurrence transparente, l'agence nationale pour l'éducation publie régulièrement des comparaisons entre écoles sur le nombre d'élèves par enseignants, les résultats aux tests, les coûts...

Cette liberté de choix de l'établissement a transformé les parents et les élèves en consommateurs de formation et les établissements en vendeurs qui multiplient les démarches marketing en direction des familles. Les chefs d'établissement sont de vrais chefs d'entreprises, qui ne sont surtout redevables d'une chose : la réussite de leurs élèves, devant le maire et les parents d'élèves.

Les élèves doivent pouvoir influencer le déroulement de leur apprentissage et les enseignants doivent leur en donner la possibilité. Dans une classe de mathématique d'un lycée de Stockholm que nous avons visités, les élèves choisissaient les points du programme sur lesquels ils souhaitaient que le professeur passe plus de temps, et décidaient combien de contrôles ils auraient dans l'année (trois en l'occurrence !).

Dans les zones d'éducation difficile, les enseignants collaborent étroitement avec les familles pour lutter contre l'absentéisme et l'échec scolaire.

Un enseignement individualisé est généralement dispensé à chaque élève en voie de décrochage scolaire, et des cours supplémentaires de rattrapage sont régulièrement proposés à tous les élèves. Les familles sont invitées régulièrement pour prendre connaissance des différentes orientations possibles.

Le rôle prépondérant des familles s'est donc accru et des conseils locaux de parents se sont développés. Ils sont souvent consultés lors d'un recrutement d'un personnel enseignant, quand ce ne sont pas les enfants directement *! (Dans un lycée que nous avons visité à Stockholm, les élèves assistaient aux entretiens d'embauche des professeurs, avec un droit de veto, et notaient les professeurs à la fin de chaque année).*

Au niveau des programmes

Il n'y a absolument pas de grands programmes nationaux très précis : l'État se contente de jouer le rôle de gardien des grands objectifs de l'enseignement scolaire, et de fixer des programmes nationaux très généraux.

La loi scolaire suédoise dit ainsi que « toutes les écoles doivent inculquer aux élèves l'égalité, les valeurs démocratiques, le respect de l'intégrité de la personne et de l'environnement commun, et lutter contre le harcèlement scolaire et le racisme. » On est ici beaucoup plus proche d'une déclaration de bons sentiments que de l'exigence programmatique intellectuelle dont on a l'habitude en France.

La loi scolaire préconise également le travail en équipe et l'autoformation pour réaliser l'objectif primordial : acquérir des connaissances et savoir s'en servir. Les écoles publiques comme les écoles privées sont tenues de partir de ces principes, qui laissent une large place à l'initiative locale en termes de pédagogie et de contenus. C'est également difficile à concevoir pour un Français, habitué à une uniformité absolue (en théorie au moins) des programmes enseignés.

Au niveau de l'évaluation

L'école jusqu'à 8/10 ans est vue essentiellement comme un lieu de socialisation, où l'enfant doit se développer. Du coup, les élèves suédois ne sont pas notés jusqu'en 4ème, ce qui ne veut pas dire qu'il n'y a pas un suivi très fin des élèves par les enseignants qui chaque semaine écrivent un commentaire aux familles. Mais ensuite, il y a une sélection par les notes pour entrer dans les meilleurs lycées, et à la fin du lycée, la sélection à l'entrée à l'université se fait sur dossier par contrôle continu.

Au niveau des études supérieures

En Suède, les études supérieures sont gratuites et tous les étudiants obtiennent, suite à leur baccalauréat, une bourse à des conditions préférentielles pour financer leurs études. Le montant accordé peut aller jusqu'à 900 euros par mois, et il est accordé pour 5 ans de droit, à condition de réussir tous les examens semestriels. Pour 80% du montant, il s'agit d'un prêt à intérêt à rembourser dès que l'emprunteur commence à travailler, les 20% restant sont accordés sous forme de bourse. Cela garantit la possibilité à tous les étudiants de réaliser leurs études sans contrainte de ressource, et d'être indépendants de leurs parents.

Le niveau d'éducation des jeunes de 20 à 24 ans est élevé (plus de 85% des jeunes arrivent au terme du cycle supérieur de l'enseignement secondaire).

2. Des différences profondes avec la France

Dans l'école comme dans les services publics de manière générale, les enfants et les familles sont considérées comme des clients que l'on doit satisfaire au mieux. On prépare donc d'abord l'avenir professionnel des enfants, avec une visée qu'on peut qualifier d'utilitariste, sans se focaliser sur la formation noble de citoyen comme en France, même si les cours d'éthique sont pris très au sérieux par exemple.

Il n'y a pas non plus de note jusqu'à la 7ème année (en Suède), et même si les commentaires des professeurs s'y substituent en parti, l'évaluation n'est pas une priorité pour les Suédois.

D'un point de vue français, ce système est très surprenant. Voici le témoignage de la même expatriée française (Victoire Viannay) que nous citions précédemment : « *Ici, on ne note pas les élèves, on ne les contrarie pas, on ne les force pas, il n'y a pas de devoirs à la maison avant l'âge de 14/15 ans et encore ça reste assez anecdotique! La Suède est le pays de l'enfant roi ... l'enfant qui a tous les droits et qu'il ne faut jamais contrarier! Comme j'ose dire non à mon fils, je suis une extra-terrestre! Les enfants sont certainement très heureux et pas stressés pour un sou ...* »

En France, c'est la relation professeur/élève qui est fondamentale. En Suède au contraire, on apprend par le groupe, le professeur est simplement chargé de mettre en musique le travail en groupe, il est un animateur. Les meilleurs élèves doivent aider les autres à progresser. Il n'y a pas de différence de statut ontologique entre professeur et élève en Suède, les relations sont moins formelles qu'en France, ils discutent ensemble de l'enseignement, de son contenu, de son organisation et de son évaluation, les élèves évaluent souvent leurs professeurs…

Cela dit, les contrôles Suédois ne sont pas moins terribles: impossible en effet d'être un cancre en Suède, celui-ci est en effet immédiatement pris en charge personnellement, inscrit à des cours supplémentaires, sa famille est informée en permanence…

Par rapport à la France, les enfants grandissent en Suède bien davantage au sein d'une culture « de pairs », sans référence extérieure à leur génération. Or la pression des pairs est bien plus impitoyable que celle de la génération précédente : on peut se révolter contre cette dernière, mais pas contre la première, sauf à se marginaliser[33].

Enfin, la voie d'une grande décentralisation y compris au niveau des contenus enseignés, faisant le choix de la meilleure adaptation possible aux particularités des établissements, heurte la sensibilité française, farouchement attachée à ce que les mêmes programmes soient enseignés partout.

---

[33] Hannah Arendt écrit ainsi dans La crise de la culture : « Affranchi de l'autorité des adultes, l'enfant n'a donc pas été libéré, mais soumis à une autorité bien plus effrayante et vraiment tyrannique : la tyrannie de la majorité. En tout cas, il en résulte que les enfants ont été pour ainsi dire bannis du monde des adultes. Ils sont soit livrés à eux-mêmes, soit livrés à la tyrannie de leur groupe, contre lequel, du fait de sa supériorité numérique, ils ne peuvent se révolter, avec lequel, étant enfants, ils ne peuvent discuter, et duquel ils ne peuvent s'échapper pour aucun autre monde, car le monde des adultes leur est fermé. Les enfants ont tendance à réagir à cette contrainte soit par le conformisme, soit par la délinquance juvénile, et souvent par un mélange des deux. »

Évidemment, l'école française a beaucoup évolué depuis quarante ans, se rapprochant bien souvent de la situation suédoise : l'autorité des professeurs et des parents a largement diminué, la culture de référence des adultes est de plus en plus souvent mise sur le même plan que celle des adolescents. Par ailleurs, l'hétérogénéité des élèves a énormément augmenté, mettant à mal l'uniformité de l'école française.

De leur côté, les Suédois émettent des inquiétudes quant à l'hétérogénéité croissante des niveaux des établissements scolaires, à la dégradation du niveau scolaire et à la discipline dans les établissements populaires. Par exemple, les intentions de vote en 2006 en faveur des libéraux ont augmenté de 2% lorsqu'ils ont proposé que les jeunes soient obligés d'éteindre leurs portables à l'école.

Il n'en reste pas moins que les deux systèmes éducatifs, reflets plus que toute autre institution public des fonds culturels des deux nations, diffèrent tellement l'un de l'autre que nous ne croyons ni judicieux ni même possible d'utiliser l'un pour améliorer l'autre.

Comme les exemples de l'État providence et de l'éducation viennent de le montrer, il est souvent nécessaire de ne pas s'arrêter aux simples mécaniques à l'œuvre mais au contraire de chercher à remonter à l'inscription des dites mécaniques dans le contexte culturel sous-jacent. C'est donc à présent à un rapide panorama des grandes caractéristiques culturelles de la société suédoise que nous invitons le lecteur.

C. La culture suédoise[34]

Louis Schweitzer, ancien PDG de Renault, qui a beaucoup pratiqué les Suédois de Volvo a déclaré[35] : « *les Suédois ont une certaine réserve dans l'expression. Ils nous ont d'ailleurs bien préparés au Japon. Ils ont en même temps une très grande sensibilité à ce qui est dit. Ils ont un sens de la collectivité extrêmement fort, que l'on retrouve dans beaucoup de pays protestants anglo-saxons. Bien que la Suède ne soit pas une grande puissance, elle a une histoire de grande puissance. Il y a un actionnariat suédois, un ensemble d'investisseurs institutionnels (banques, fonds de pension, fonds d'investissement) qui agissent de façon cohérente. C'est une communauté assez homogène.* »

Cette citation introduit assez bien les traits majeurs de la culture suédoise qui frappent les observateurs extérieurs, et que nous allons développer maintenant : consensus, force de la communauté, homogénéité.

Voici avant cela quelques lignes sur les différences d'organisation et d'attitude au travail dans les entreprises suédoises et françaises, qui illustrent les différences culturelles que nous allons évoquer.

---

[34] Inspiré en partie de Stéphane Boujenah, L'inoxydable modèle suédois, En temps réels, cahier n°6, 2003

[35] Entretien avec Louis Schweitzer, Sociétal n°52, deuxième trimestre 2006

Le management

En Suède, le bon manager donne à son équipe des objectifs et des dates, et la laisse se débrouiller sur les moyens. Il jugera sur le résultat. Les décisions sont en Suède l'expression de l'intelligence collective (mais cela ne réduit pas l'ambition) : le rôle du chef est de faire émerger la meilleure décision possible.

En France, au contraire, le manager doit être en permanence avec son équipe et connaître les détails du travail, sinon il passe pour non impliqué. La décision lui appartiendra ensuite.

La hiérarchie est beaucoup plus marquée en France qu'en Suède. Un cadre suédois travaillant en France chez Renault trucks nous a raconté qu'il avait été très étonné de voir ses collègues français terrorisés après avoir appris que le président de Volvo en personne viendrait les écouter parler chacun de leur projet pendant une heure. Et il les a écoutés très attentivement pendant tout ce temps, ce qui a impressionné les Français. En Suède c'est normal, l'organisation est très plate, le président n'a pas un statut spécial, et tout le monde peut discuter avec lui.

Cette différence de statut se marque même dans les attitudes. Le cérémonial est bien plus marqué en France vis-à-vis d'un supérieur, ce qui n'est pas du tout le cas en Suède ou l'échange a lieu entre égaux. Il est également possible en Suède d'aller voir un supérieur pour contester sa décision en argumentant, c'est beaucoup plus difficile en France.

Les réunions

En Suède, il n'y a pas de surprises en arrivant à la réunion. Tout a été préparé et décidé en amont, souvent lors de consultations bilatérales. La réunion sert à acter une décision par consensus. Le consensus ne signifie pas d'ailleurs un engouement de tout le monde, mais un moyen de transformer le rapport de force en acquiescement de chacun à la décision finale, y compris des perdants. La ponctualité est essentielle : une réunion commence à l'heure dite, et finit à l'heure prévue.

En France, on procède généralement dans l'ordre inverse : le but de la réunion est de d'échanger, de discuter, pour le chef d'écouter ses subordonnés sur le sujet, et de faire une synthèse.

L'attitude en réunion est également différente : les Suédois ne s'exprimeront que sur leur domaine de compétence. Etre silencieux ne veut pas dire qu'on ne participe pas. En France, celui qui est silencieux n'est pas invité à la réunion suivante. Il faut parler, même si on ne connaît pas grand-chose au sujet en question.

En cas de conflit, en Suède, les gens ne s'affrontent pas ouvertement, s'il y a un problème ils sortent et discutent dehors.

<u>La consultation</u>

Dans une entreprise suédoise, la culture du consensus est forte. Les employés n'aiment pas les décisions arbitraires ou qui "descendent du haut". Cela ne veut pas dire que ce sont les salariés qui dirigent, cela signifie qu'ils tiennent à pouvoir faire entendre leur voix, même si la décision prise au finale n'est pas celle qu'ils auraient souhaitée. Cela se retrouve bien sûr au niveau du dialogue social, où les syndicats sont officiellement associés à la gestion de l'entreprise. Là non plus, il ne s'agit pas de "co-gestion", cela signifie surtout que les patrons prennent la peine d'expliquer la marche de l'entreprise, la stratégie, les données financières et les décisions aux syndicats, qui en retour se montrent en général très constructifs.

<u>L'évolution de carrière</u>

La première question qu'un RH français pose est généralement « quelle école avez-vous faite ? ». On juge sur les diplômes et sur l'origine.

En Suède, tout le monde commence quasiment au même niveau (d'où un problème de motivation dans les études) et c'est ensuite qu'il faut faire ses preuves, dans l'entreprise. Il y a certes des universités connues en Suède (Stockholm School of Economics, Chalmers, KTH), mais finalement cela ne compte pas tellement : ce qui distingue les gens, c'est leur compétence. Tout le monde peut progresser à condition de faire ses preuves. L'individu n'est pas au centre de l'entreprise, c'est plutôt le processus et le collectif.

Sur les horaires

La vie de famille est sacrée en Suède, et les horaires de travail scrupuleusement respecté : on trouve peu de monde dans les bureaux après 18h. Rester tard au travail est un signe de défaillance.

Le même cadre suédois de Renault trucks nous a dit être le premier à partir tous les soirs, car il veut voir ses enfants et sa famille. Il pense du coup passer pour un manager froid, pas assez social, une sorte de robot en fait.

1. Le souci du consensus

Lagom är bäst, « le mieux, c'est le juste milieu ». Cette formule suédoise est bien révélatrice d'un état d'esprit sur lequel est bâti le modèle social suédois. Parvenir à une position commune en forgeant une décision collective est un réflexe suédois qui remonte aux premières heures de la vie communautaire des villages. En écoutant et en respectant la minorité, on est efficace, car imposer sa décision à une minorité équivaut à prendre le risque de susciter des conflits difficiles à résoudre par la suite. La courtoisie est une obligation absolue dans le débat, et non une forme de bienséance. En Suède, il ne faut pas céder à la colère ou s'enflammer dans une présentation fougueuse de ses convictions : on serait alors considéré comme un individu perturbateur, inadapté au groupe. Il s'agit d'écouter plus qu'on ne parle, de faire référence à des données factuelles et des raisonnements logiques, et mettre l'affect et l'épique de côté.

Si la réaction à l'imprévu est une qualité valorisée en France, chez les suédois, c'est plutôt le fait de prévoir ce qui va se passer et d'organiser en conséquence qui est valorisé. L'affrontement est vécu comme dévastateur, alors qu'en France c'est un processus perçu comme constructif. Le réflexe de consultation est généralisé à travers le processus de « remiss » qui associe à la décision publique tous les acteurs concernés.

Par comparaison avec la France, on pourra souligner que la recherche du consensus est plus facile dans un pays neutre depuis deux siècles qui n'a connu ni l'invasion extérieure, ni les violences politiques intérieures ces deux cents dernières années : point de Terreur, de commune, de décolonisation violentes.

Ce souci du consensus existe aussi dans les institutions politiques, nous l'avons déjà évoqué et dans la pratique quotidienne de négociation du droit du travail entre les partenaires sociaux.

La communauté

La notion de communauté est très importante. Elle s'incarne par exemple dans la loi coutumière dite d'Allemansrätt. Elle est non écrite mais reconnue par tous, et en particulier les tribunaux, et signifie littéralement *« le droit de tout le monde ».* Elle signifie que la propriété privée de la terre n'en signifie pas le droit de jouissance exclusive, car la terre reste un bien commun. Chacun a la possibilité de faire libre usage de la nature, publique ou privée, du moment que cet usage soit raisonnable et mesuré. En voici une illustration concrète citée par Pierre Forthomme[36] : chacun peut mouiller son bateau sur une île privée pour la nuit, le propriétaire n'y trouvera rien à redire. On peut ramasser des fruits sur une propriété privée, à condition de ne pas les commercialiser.il est par exemple mal vu de ne pas entretenir son jardin, parce qu'il fait partie du bien commun.

---

[36] Entreprise et société en Suède : un regard aux sources du modèle", Pierre FORTHOMME, *Journal de l'École de Paris* n°68, déc. 2007

Autre coutume : celle dite du *Dugnad.* Elle consistait jadis à construire collectivement la grange d'un voisin. Désormais, les habitants d'un lieu (à la campagne) se retrouvent de façon totalement bénévole une fois par an pour effectuer des travaux d'intérêt collectif. Difficile de se soustraire à ce travail en commun...

Par rapport à la communauté, le principe d'autodiscipline est très fort, il amène les scandinaves à considérer que l'individu doit s'effacer devant le groupe. La pression sociale peut générer beaucoup de stress et d'angoisse, qui sont intériorisés. L'extériorisation est mal perçue, en tant qu'atteinte au groupe.

2. L'égalitarisme suédois

La Suède est une société horizontale pour reprendre les mots de Pierre Forthomme. Chacun doit régler son comportement sur un comportement cible moyen, le contrôle étant exercé par le groupe. Les Suédois se méfient des formes d'autorité verticale. Par exemple les enfants sont considérés comme des personnes complètes, avec les mêmes droits que tout le monde, et simplement moins de possibilité de les faire valoir. Dans les entreprises, la hiérarchie est beaucoup moins marquée qu'en France, ainsi que nous l'avons indiqué dans l'encadré précédent.

Le niveau de vie général des Suédois est très homogène. Les écarts de salaires sont parmi les plus faibles du monde. Le sentiment populaire de vivre dans un monde d'injustice n'existe quasiment pas, et la revendication d'une supériorité sociale conduit au rejet du groupe. L'attitude correcte consiste en fait à minimiser son importance au bénéfice du groupe, ce qui rapproche les Suédois des Japonais. Le vouvoiement a disparu depuis une trentaine d'années, les médailles ont été abolies, les signes extérieurs de richesse sont mal vus. Le diplôme n'est pas comme en France un attribut social.

Les illustrations de ce phénomène dans la vie quotidienne sont également légions. Les plus évidentes sont la manière dont se comportent les élites. On a déjà évoqué la modestie des hommes politiques, mais c'est dans tous les domaines qu'on retrouve ce genre de comportement. Par exemple, chaque année, pour l'arbre de Noël de la compagnie aérienne SAS (Scandinavian Airlines), c'est le PDG lui-même qui vient déguisé en père noël remettre les cadeaux aux collaborateurs.

a. Pas de population en marge de la société

Autre illustration : aucune population ne souhaite se distinguer réellement. Il existe une noblesse suédoise depuis très longtemps, ainsi que de grandes familles capitalistes depuis le XIXème siècle, mais elle vit sans luxe tapageur dans Stockholm, et cherche à donner l'impression qu'elle vit comme tout le monde. Ne serait-ce qu'avoir une femme de ménage ou prendre une baby-sitter pour sortir le soir n'est pas bien vu en Suède. Cela serait faire preuve d'anti-égalitarisme (humiliation de la personne à laquelle on confie une tâche secondaire).

Autre catégorie de population : le concept d'artiste bohème, subversif n'existe pas en Suède. Les artistes sont parfaitement intégrés socialement, c'est une profession comme une autre, très en relation avec le monde de l'entreprise, et cela dès leur formation, qui comporte de nombreux stages en entreprise. Le design suédois est par exemple très différent du design français : il s'adresse au plus grand nombre, à une visée éminemment égalitariste là aussi. Le designer dans l'entreprise suédoise est ainsi chargé du développement d'une tasse industrialisable, peu chère, jolie, et qui se trouvera dans des milliers de maisons dans le monde entier. Au niveau esthétique, il s'enracine dans l'économie de moyen traditionnelle des familles suédoises, assez pauvres jusqu'au siècle dernier, et dans la présence du bois, matériau de base en Scandinavie. C'est une esthétique dépouillée. Le fait que les objets crées soient très largement diffusés n'est pas du tout dévalorisant, au contraire, toucher un maximum de monde est le but recherché.

Toujours dans le sens de l'égalitarisme, il n'est pas fait de différence fondamentale en Suède entre création amateur et professionnelle. Une salle d'exposition peut très bien jouxter un atelier pour enfant, ou un artiste reconnu venir expliquer en classe son travail et donner des cours de dessin. La vie associative est très dense, et l'artiste reconnu peut travailler avec des amateurs dans ce cadre. À la fin d'un concert, il est fréquent que les artistes restent discuter avec le public. Par ailleurs, le choix des œuvres d'art n'est pas réservé à une élite. Ainsi les enfants peuvent souvent choisir quelle œuvre d'art avoir dans leur école.

b. L'égalitarisme en marche : l'égalité des sexes[37]

Depuis deux générations, l'égalité des sexes est devenue une priorité nationale en Suède, avec des résultats très rapides : le taux d'activité des femmes a quasiment rejoint celui des hommes (74% des femmes de 15-64 ans travaillent en Suède contre 64% en France) et la parité est atteinte ou presque à l'assemblée et dans le gouvernement. Les pouvoirs publics se sont mobilisés pour garantir cette égalité : les mairies doivent fournir systématiquement une réponse aux demandes de garde d'enfant, le vice-premier ministre est chargé de l'égalité des sexes, un médiateur à l'égalité des chances a été crée en 1980, il existe également une commission pour l'égalité des chances qui peut « ordonner à un employeur de prendre des mesures actives pour promouvoir l'égalité des sexes dans son établissement », enfin, un conseil pour l'égalité des chances, présidé par le ministre de l'égalité, a également été institué. Toutes les entreprises de plus de dix salariés ont dû se doter d'un plan pour l'amélioration de l'égalité des sexes.

Tous ces efforts ont conduit à des évolutions profondes des mentalités, bien résumées par la leader actuelle du parti social-

---

[37] Ce paragraphe s'appuie beaucoup sur : Magnus Falkehed, Le modèle suédois, 2003

démocrate, Mona Sahlin, se rappelant ses débuts au parlement : *« Il fallait voir la tête de nos collègues femmes plus anciennes ! Celles de ma génération sont arrivées dans l'hémicycle sans aucune envie de tout sacrifier pour leur mandat. Nous avons fait des enfants en grande quantité, pris des congés de maternité, nous avons quitté des réunions pour aller chercher nos enfants à la crèche… Ces bouleversements ont été ressentis de façon très douloureuse pour ces nombreuses femmes qui avaient fait tant de sacrifices pour arriver là où elles en étaient. Toutes n'étaient pas tendres avec nous. Mais regardons le chemin parcouru : aujourd'hui, nous avons même une crèche au Riksdag »*.

Aujourd'hui en effet, il est facile pour une femme de conjuguer vie professionnelle et vie familiale. L'État garantit 80% de son salaire au parent qui reste à la maison pour s'occuper de son nouveau né, dans la limite d'un plafond de 2 500 euros par mois, et cela pendant 390 jours, à condition que le père effectue cette garde au moins deux mois. De fait, aujourd'hui en Suède, c'est ne pas s'occuper de ses enfants qui est considéré comme non masculin. Les entreprises se sont adaptées : les réunions ne finissent jamais tard le soir, les séminaires sur plusieurs jours se raréfient. Comme toujours en Suède, difficile de s'écarter de ce nouveau comportement cible : la mère est considérée comme une mauvaise mère si elle abrège ses congés, ou reste travailler tard le soir (et le père aussi). Il existe également une pression pour allonger l'allaitement aussi longtemps que possible. Les récalcitrantes sont informées de la profusion de risques qu'elles font courir à leur nouveau-né : allergies, développement psychomoteur moindre…

Pour résumer cette partie sur la culture suédoise, nous pourrions dire en caricaturant un peu que la social-démocratie suédoise est un prototype de démocratie morale qui a instauré une religion civile de la vertu : absolutisme de l'égalité et de la sécurité, éthique de la transparence comme norme de la démocratie, consensus comme essence du politique et de la sociabilité, ritualisation des transgressions et codifications des déviances (beuverie du vendredi soir[38]) qui renvoient à un profond souci de normalisation.

Les sociaux-démocrates revendiquent un rôle positif dans cette transformation, qu'ils voient davantage comme un processus historique fragile que comme s'appuyant sur un atavisme viking : issus du peuple, ils auraient progressivement imposé l'idéal de proximité, de vision antiélitiste aux sociétés scandinaves, mis en œuvre par l'État providence pour le bien du plus grand nombre. De fait, le modèle suédois de régime social et politique est né d'un volontarisme politique, constamment théorisé par les experts, je ne suis toujours pas contente de cette phrase est ce que ce serait mieux : faisant croire à l'existence d'une certaine science de gouvernement, ou au moins de rationalisation du politique. Mais ce modèle aurait-il été mis en œuvre avec succès s'il n'était largement en phase avec un fond culturel et une construction historique préexistants ? Non bien sûr.

D. Les racines de l'histoire[39]

1. Les traits institutionnels

L'histoire culturelle des institutions politiques suédoises commence généralement par les anciennes assemblées locales, qui avaient des fonctions politiques importantes. Elles remontent au IXème siècle. Tous les hommes ayant le droit de porter des armes pouvaient y participer. A l'échelon national, les assemblées édictaient les lois et élisaient (ou déposaient) les rois. Ces assemblées arbitraient également les disputes et

---

[38] S'il est normal de boire beaucoup le vendredi soir, prendre un verre de vin un midi en semaine par exemple a longtemps été considéré comme inconvenant.

[39] Inspiré de « Cultural traditions and the scandinavian social policy model », Ka Lin, Social Policy & Administration, vol 39, n°7, 2005

condamnaient les contrevenants à la loi. Perpétrées des siècles durant, elles ont fixé une manière suédoise d'envisager la démocratie et la justice, largement fondée sur la participation populaire aux prises de décisions.

Le pouvoir des rois au Moyen-âge était largement contraint par les assemblées. Ils devaient prêter serment devant elles de respecter les lois coutumières et de ne pas enfreindre le droit de ses sujets. Ces devoirs étaient consignés dans des chartes.

Sous le règne de Magnus Eriksson (1319-64), les lois provinciales furent remplacées, en 1350, par un Code général applicable dans tout le royaume. Dans celui-ci était par exemple stipulé que le roi ne pouvait lever de nouveaux impôts sans l'accord du conseil du royaume.

Bien que le pouvoir des rois se soit affirmé au fil des siècles, l'institution des assemblées ne s'est jamais complètement écroulée jusqu'à l'époque moderne.

Le conseil du royaume s'est transformé au XVème siècle en une assemblée d'État, composée de quatre chambres : la noblesse, le clergé, la bourgeoisie et la paysannerie. Elle était souvent convoquée par le roi pour lever les impôts, mais les quatre classes en profitaient pour défendre leurs intérêts.

Étant donné le fort pouvoir de la noblesse, l'État central ne s'est vraiment matérialisé qu'à la Réforme. Les rois ont utilisé la Réforme pour prendre le contrôle de l'Eglise et mettre la noblesse au pas, avec le soutien de la paysannerie, qui voyait l'État comme un allié face aux pouvoirs locaux. Mais ce renforcement du pouvoir royal n'a jamais complètement détruit les traditions démocratiques locales (en partie car de nombreux territoires étaient impossible à atteindre en hiver, l'autonomie locale était donc une nécessité pratique).

La Suède a développé ensuite un centralisme assez fort, qui a crée des habitudes bien ancrées d'intervention publique. Le premier service de statistique suédois fut ainsi mis en place en 1630, et les données qu'il collectait ont notamment servi à l'établissement des appareils redistributifs de l'État providence au XXème siècle.

Cette culture institutionnelle explique largement trois traits marquants des sociétés scandinaves :

- le rapport particulier à l'autorité, avec un a priori favorable à l'État, perçu comme proche des gens et légitime pour prendre en charge les solidarités (nous l'avons déjà évoqué dans la partie consacrée à l'État providence suédois).
- le sécularisme : avec l'élection des rois, la source du pouvoir se trouvait dans les assemblées. Ainsi par origine, le pouvoir est séculier.
- le consensus : le gouvernement des assemblées signale un idéal de résolution des conflits par la négociation plutôt que par la violence ou l'imposition de la volonté du roi. Cela est vrai au niveau local et aussi au niveau national entre les classes sociales, l'assemblée siégeant par ordre avec un vote par ordre.

2. La religion

La Suède est luthérienne dans son écrasante majorité. Religion d'État depuis la réforme, les hérésies ont toujours été combattues par l'État. La séparation de l'Eglise et de l'État n'est intervenue formellement qu'en 2000. Jusqu'alors, l'Eglise continuait à assurer la tenue des registres de l'état civil. Même si la société suédoise est totalement sécularisée, et que le nombre de fidèles baisse, l'empreinte culturelle du luthérianisme reste profonde.

Comme l'a montré Max Weber dans « L'éthique protestante et l'esprit du capitalisme », le luthérianisme, en prêchant que le travail sur terre à une valeur en soi, indépendamment de la recherche d'un inatteignable paradis terrestre, a produit une forte culture du travail et de la responsabilité individuelle, qui bannit l'oisiveté, ainsi qu'une culture de l'austérité et de discrétion dans les rapports à l'argent, enfin une culture du sérieux dans le traitement des affaires de la communauté. La valeur morale du travail est encore extrêmement présente en Suède, où être chômeur est difficilement acceptable

Le protestantisme ne fonctionne pas, à la différence du catholicisme, sur un principe hiérarchique. Il n'y a pas d'autorité symbolique comme le pape, à laquelle se référer pour guider sa conduite. Le fidèle est seul devant dieu, autonome. De manière générale, les Suédois sont insoumis, à quelque autorité que ce soit, sauf à celle du groupe.

Pour en revenir à l'Eglise, de nombreux membres du clergé ont participé à la vie politique locale ou nationale, avec des pasteurs au gouvernement au cours notamment du XXème siècle.

3. Les classes sociales

a. La paysannerie

Dans la Scandinavie agraire, le mot paysan renvoyait à trois groupes sociaux : les propriétaires fonciers (dont la terre, généralement donnée par la couronne comme rétribution d'un enrôlement dans l'armée, était soumise à l'impôt), les fermiers exploitant une terre de la couronne ou une terre appartenant à un noble, et les paysans sans terre, dépendant de ceux qui voulaient bien leur offrir un abri et un travail. La paysannerie indépendante avait un poids politique puisqu'elle représentait un corps social dans un pays comprenant quatre États (clergé, aristocratie, bourgeoisie et paysannerie indépendante).

Tout en bas de l'échelle, l'esclavage disparut assez rapidement au Moyen-Âge, et le servage est toujours resté marginal. Au début du Moyen-Âge, beaucoup de paysans étaient propriétaires en Suède, mais durant la plupart des périodes de l'histoire, le fermage fut la forme dominante. Cependant en pratique, les fermiers exploitant une terre de la couronne avaient un statut très similaire à celui des propriétaires. Et depuis le milieu du XIXème siècle et la clôture des terres, la majorité des paysans sont propriétaires.

Pour apprécier le statut social des paysans sans terre, il faut signaler la coutume suivante : les enfants des propriétaires et des fermiers avaient l'habitude de partir travailler comme serviteurs dans d'autres fermes entre seize ans et leur mariage. Ainsi, ils étaient temporairement des "sans terre" dans d'autres villages, et travaillaient aussi dans les villes, dont ils formaient une bonne proportion de la population. Ils ne recevaient pas d'argent pour leur travail mais souvent habits et nourriture, et surtout ils apprenaient leur métier et recherchaient leur future femme. Après leur mariage, ils devenaient fermiers ou propriétaires par héritage. Ainsi, la notion de paysan sans terre, en bas de l'échelle sociale, était liée autant à l'âge qu'à une classe sociale, d'autant plus qu'il n'était pas impossible qu'un paysan sans terre devienne fermier. S'il y avait donc des différences de richesse entre les différentes catégories de paysans, il n'y avait pas vraiment de castes ou de classes sociales marquées.

Pour ne pas donner un tableau trop idyllique de la situation des paysans suédois, signalons tout de même que, dans le pays pauvre qu'a été la Suède jusqu'au XXème siècle, une partie des paysans sans terre a constitué longtemps, en particulier au XIXème siècle, une population misérable, au point que « *dans certaines régions, les communes les plus pauvres vendaient légalement aux enchères enfants et vieillards. Ces derniers, quand ils ne fournissaient pas une main d'œuvre fragile vouée aux tâches domestiques subalternes, finissaient souvent par croupir, à demi abandonnés, dans une dépendance de la propriété : la faim, le froid, la maladie ont le plus souvent raison d'eux* »[40].

b. La noblesse

Par rapport aux sociétés d'Europe centrale ou occidentale, les nobles avaient comparativement moins de privilèges dans les affaires politiques et sociales. Le contrôle féodal des paysans et de la vie des villages était assez faible. La dispersion des paysans sur des territoires très grands a

---

[40] Jean-François Battail, Régis Boyer, Vincent Fournier, Les sociétés scandinaves de la Réforme à nos jours, PUF, 1992

contribué à préserver leur indépendance. Les nobles avaient le droit de nommer les juges mais ils n'ont jamais eu le pouvoir d'assurer directement l'administration locale. Ils n'avaient pas non plus de pouvoir de juridiction privée, et n'avaient ainsi pas le droit d'infliger des châtiments corporels aux travailleurs migrants, contrairement aux nobles danois par exemple.

Les nobles suédois avaient un réel pouvoir politique face au roi, mais économiquement, les paysans propriétaires, qui étaient des hommes libres, qui pouvaient épouser qui ils voulaient, hériter et transmettre leurs biens à leurs héritiers, étaient dans bien des cas plus puissants.

Le thème du paysan libre a eu un grand impact dans le développement des idées de liberté et d'égalité. Le développement précoce de l'éducation (dans le luthérianisme, il est essentiel que les fidèles soient en mesure de lire la Bible et les préceptes de Luther) ont renforcé le respect dont jouissaient les paysans dans la société. Par ailleurs, la Suède n'a pas connue de cristallisation de la société en classes sociales aussi rigides que dans le reste de l'Europe. Les paysans sans terre avaient un statut équivalent aux pécheurs, forestiers, saisonniers, travailleurs industriels ; les servants, pour la plupart, étaient constitués par une classe d'âge plutôt que par un groupe social bien déterminé, et au-dessus de cela, la noblesse n'avait pas des privilèges sociaux et économiques exorbitants. La Suède était pauvre, les fermes peu rentables, les nobles n'ont jamais en général accumulé de fortunes. Ainsi, la notion de divisions des classes était assez vague dans la population, alors que les notions d'homogénéité culturelle et de solidarité étaient beaucoup plus prégnantes.

4. Familles et société

Un sondage démographique mené au XVIIIème siècle en Norvège révéla que la taille d'une famille de fermier était environ de sept à huit personnes en moyenne, et d'environ quatre personnes pour les paysans sans terre. La situation dans les autres pays scandinaves était assez similaire. Les familles étaient peu extensives, regroupant un couple et ses enfants. La notion de clan ou de fratrie ou fonctionnelle ne s'est pas développée, aussi l'institution familiale a joué un rôle limité, et par exemple la notion de lignage et de pureté de celui-ci n'a jamais été un trait des sociétés scandinaves. D'après ce même sondage, presque la moitié des femmes mariées ont donné naissance à leur premier enfant avant le mariage ou moins de huit mois après celui-ci : la sexualité prénuptiale n'était probablement pas aussi choquante que dans les pays latins.

Notons également que les servants étaient comptés comme membres du foyer dans ce sondage, preuve s'il en est du faible intérêt du lignage. Le concept de bâtard n'existait pas. Le rôle des pères comme chefs de lignée était marginal, et leur contrôle sur les choix matrimoniaux ou professionnels de leurs enfants étaient plus limités qu'ailleurs. Ainsi en Suède, les mariages arrangés furent interdits par une loi du XVIIème siècle, et les filles pouvaient porter plainte contre leur père s'il voulait les contraindre à un mariage.

Pauvre et ramassée, la famille nucléaire devait recourir à l'aide publique dès la survenue de difficulté : la demande d'État providence est un trait ancien et profond des sociétés nordiques, accentué par la révolution industrielle.

La faiblesse démographique des villages, le peu d'importance de la fratrie faisaient de la paroisse (devenue plus tard la municipalité) l'élément clé de l'organisation politique locale.

Les prêtres exerçaient un rôle clé de gestion des affaires sociales locales ainsi qu'en matière de contrôle locale. Ils ont supprimé la mendicité, collecté et redistribué les aumônes, faisaient prendre en charge les plus pauvres par les fermes sur une base tournante.

Pour les paysans, les prêtres représentaient les représentants du roi, chargés de remplir localement ses obligations de prendre soin de ses sujets. Pour l'État, ils étaient les représentants des intérêts locaux. Ils assuraient ainsi un lien essentiel entre le roi et ses sujets, lien assez particulier et très souple, rendant peu claire la distinction entre l'autonomie locale et la gestion par l'État, et les paroissiens coopéraient avec l'État dans le respect des valeurs luthériennes : respecter Dieu et les autorités temporelles.

5. La place des femmes

Le faible poids du patriarcat, la faiblesse démographique des villages et partant le manque de main d'œuvre ont affecté le rôle de la femme dans les sociétés nordiques. Le travail des femmes hors de la maison était considéré comme normal. Les jeunes filles, aussi bien que les jeunes garçons, devaient travailler comme servantes hors de la maison jusqu'à leur mariage. La politique et le commerce étaient dominés par les hommes, mais il était par exemple possible aux veuves de bourgeois de reprendre ses affaires et de faire partie de la guilde. Elles pouvaient également devenir magistrates, et le luthérianisme promouvait l'égalité des Hommes et ne prônait pas la supériorité de l'homme sur la femme. Une certaine indépendance des femmes était donc possible. Le développement précoce du féminisme en Suède, avec le succès que l'on sait, se rattache directement à cette tradition.

En plus des difficultés d'importation que nous venons d'évoquer, il convient de prendre garde à un autre travers dans lequel tombent souvent les amoureux du modèle, à savoir de l'idéaliser et d'en oublier que tout n'est pas si rose en Suède. C'est ce que nous allons nous efforcer de montrer désormais à travers quelques exemples.

5. Un modèle moins rose qu'il n'y paraît

A. L'ADMINISTRATION SUEDOISE

Intéressons nous tout d'abord à l'administration suédoise, dont on évoque à loisir la cure de maigreur exceptionnelle qu'elle a dû réaliser dans les années 90 et qui a permis de rééquilibrer les comptes publics.

1. *Une évolution nécessaire*

Le fonctionnement de l'État est partout remis en cause par l'évolution des valeurs de la société. Après avoir vu son importance économique croître de manière très importante entre la seconde guerre mondiale et les années 80, créant toujours de nouveaux services, la culture des usagers change : ceux-ci sont plus exigeants, en termes de qualité de service, de variété et de personnalisation des produits. Les entreprises se sont réorganisées, internationalisées, chaque unité dispose d'une batterie d'indicateurs permettant d'en mesurer la performance. L'obligation de résultat est attendue aussi bien par le client que par l'actionnaire ou encore par les salariés eux-mêmes (par l'intermédiaire de l'intéressement). L'usager du service public, qui en est également actionnaire, habitué à ces évolutions dans le domaine privé, a désormais de nouvelles attentes envers l'État.

« La bureaucratie, idéal-type décrit par Max Weber, a, sans doute, été parfaitement en adéquation avec les attentes de la société industrielle, assise sur une légitimité de type légal-rationnel et sur des valeurs collectives : pour mettre en œuvre le principe d'égalité des citoyens devant la loi et l'égal accès de tous au service public, ces organisations

publiques traitaient tous les demandeurs, quel que soit leur condition, de manière uniforme et le plus anonymement possible. »[41]

Cette organisation, qui a été efficace, n'est plus adaptée à la société moderne. De nouvelles priorités se font jour, société multiculturelle, demande croissante et diversifiée d'intervention de la puissance publique, qui sont autant d'impératifs d'adaptation de la définition et de la mise en œuvre des politiques publiques à de nouvelles exigences comme cela a été le cas en Suède.

La dégradation de l'état des finances publiques et le caractère insuffisamment rigoureux de la procédure budgétaire sont à l'origine de la politique de consolidation budgétaire en Suède que nous nous proposons d'étudier. Après avoir été touché au début des années 1990 par la plus profonde récession depuis 1930 (baisse du PIB de 5% entre 1991 et 1993, dérive des finances publiques, explosion des déficits budgétaires en 1994 et en 1995 (plus de 10% du PIB), le gouvernement suédois et le parlement ont mesuré l'importance de procéder à une réforme majeure du système budgétaire suédois en renforçant un esprit de rigueur à tous les niveaux et qui porte ses fruits aujourd'hui.

La faiblesse de la procédure budgétaire suédoise, en partie responsable du dérapage des dépenses publiques, avait été mise en avant par une étude de 1992 commanditée par la Commission européenne dans le cadre de la préparation du Traité de Maastricht, qui voulait savoir si les procédures budgétaires en vigueur dans les pays membres rendaient crédible le programme de convergence. L'étude réalisée fit ressortir le caractère peu rigoureux et faiblement contraignant de la procédure budgétaire suédoise, qui se classait alors en 12ème position sur les 13 pays examinés !

---

[41] 25 ans de réformes de la gestion publique dans les pays de l'OCDE, Convergence et systémique, Annie CHEMLA-LAFAY, Céline CHOL, IGPDE, Mai 2006.

« Ceux qui sont endettés ne sont pas libres » disait Göran Person, ancien ministre des finances devenu premier ministre en 1996. La classe politique suédoise est en effet sortie traumatisée de la crise du début des années 90, exactement comme les allemands ont pu être traumatisés par l'hyper inflation des années 30. Ceci a conduit la Suède au cours des années 1990 à effectuer une spectaculaire cure de rigueur et à réformer de manière drastique sa fonction publique.

2. Une exemplarité affichée

Aujourd'hui, après une décennie de réformes, la Suède est citée en exemple pour la rigueur et l'efficacité de son service public.

a. Des ministères réduits

La Suède possède aujourd'hui un vaste secteur public qui différencie depuis longtemps conception et mise en œuvre. Les treize ministères emploient seulement 4 500 personnes, dont moins de 500 au ministère des finances. Les cabinets ministériels à la française n'existent pratiquement plus, le ministre ne disposant en général que d'un collaborateur, outre ses secrétaires, et s'appuyant sur son ministère qui lui sert de cabinet étendu. L'administration suédoise a en outre énormément réduit les fonctionnaires de classe C et B avec le développement des TIC. D'ailleurs, la Suède a longtemps occupé la première place dans le classement des « e-administrations »...

Auparavant, les décrets de nomination des fonctionnaires étaient signés par le roi, avec garantie d'un emploi à vie. Un fonctionnaire ne pouvait être destitué que par un tribunal d'instance pour faute grave. Ce système est toujours en vigueur pour les juges, mais a été aboli pour les autres fonctionnaires. Le statut de la fonction publique a été en effet annulé au profit du droit commun. Aujourd'hui, un fonctionnaire peut perdre son emploi si ses services ne sont plus requis. Les salaires sont désormais déterminés individuellement au sein de chaque direction ou d'établissement sur la base du mérite. Les fonctionnaires licenciés pour suppression de poste sont formés par une agence nationale qui leur paie leur salaire pendant plusieurs mois, jusqu'à ce qu'ils soient reclassés dans le secteur privé. Travailler dans le public ne signifie plus être à l'abri des risques du privé. En plus, l'abolition de l'emploi à vie a permis à l'État de mieux réorganiser les différentes activités (par exemple beaucoup de militaires, d'officiers ont été licenciés. Dans le même temps, la Suède a investi massivement dans l'enseignement supérieur)

b. Un système d'agences

Les ministres donnent l'orientation politique et contrôlent l'administration, mais n'interviennent pas dans la gestion des 300 agences indépendantes et décentralisées qui s'occupent de l'opérationnel, employant au total 250 000 personnes. Le comité exécutif des agences est souvent constitué de personnes éminentes (banquier retraité, assureur, docteurs..) et reconnues pour leurs compétences.

Chaque agence reçoit chaque année du ministre dont elle dépend un budget et des objectifs de résultats. Ces lettres de cadrages envoyées à l'agence sont des documents supposés apolitiques mais qui contiennent néanmoins des éléments orientant les actions. Il existe de nombreux allers et retours entre ministère et les agences en termes de personnel. D'ailleurs, quelquefois, le ministère qui reconnaît ne pas avoir la compétence sur tel ou tel sujet recrute temporairement des gens de l'agence. En retour, les agences soumettent à leur tour un budget et des mesures au gouvernement et au parlement pour approbation.

Si les agences dépassent leur budget d'exploitation, elles doivent emprunter auprès du gouvernement et paient des intérêts sur ces emprunts. Dans un souci de transparence, les agences tiennent une comptabilité propre, et publient régulièrement le résultat de suivi de leurs objectifs financiers et opérationnels. La gestion des ressources humaines est aussi complètement décentralisée, puisque le recrutement, l'avancement, et le licenciement de ses employés sont du ressort de l'agence.

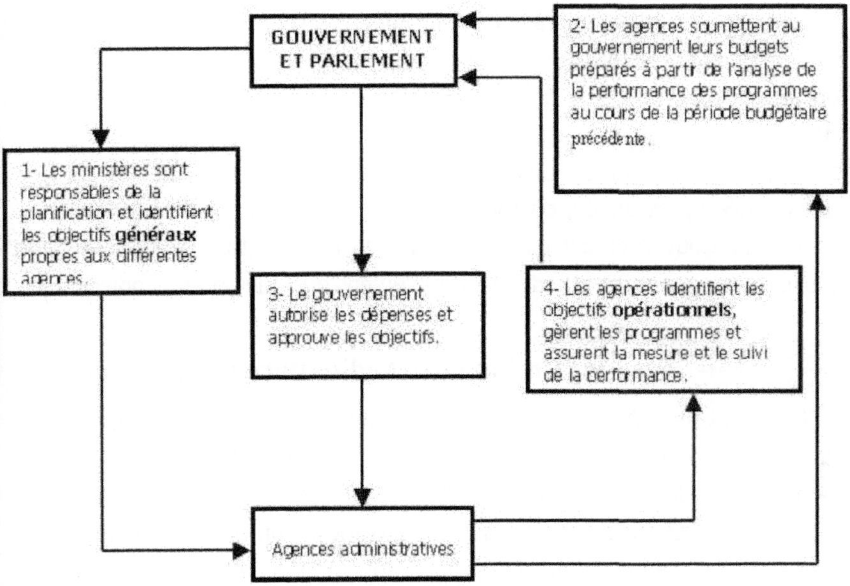

Fig. 23 : Processus budgétaire suédois

Si le système semble plutôt bien fonctionner, remarquons toutefois que, vu les tailles relatives des ministères et des agences, ces dernières ont probablement une autonomie bien supérieure à celle qui existe sur le papier. Un service de 35 personnes au ministère des affaires sociales est en charge de diriger l'agence de l'assurance sociale qui compte près de 14 000 personnes, dont 700 au siège ! Système excellent pour la continuité de l'État et l'indépendance des agences, il souffre en revanche d'une certaine perte de contrôle du politique, ce que ne nie pas un conseiller d'un ministre suédois.

c. Le management par indicateurs

Celle-ci serait compensée par un « management par indicateurs », les agences devant faire remonter et étant jugées sur des critères nombreux et objectifs. En réalité, un conseiller du ministre suédois des affaires sociales nous a confié la grande difficulté de son ministère à choisir et utiliser des indicateurs pertinents. Le système de suivi par indicateurs se développe depuis quinze ans, les rapports deviennent de plus en plus épais année après année, on s'y retrouve de moins en mois. La tendance actuelle du gouvernement est de prendre du recul (actant de la prise de pouvoir des agences) et de donner simplement quelques grands objectifs.

d. Un National Audit Office indépendant

Le contrôle effectué par Riksrevisionen (National Audit Office), l'agence nationale d'audit (qui comprend environ 310 personnes) est redouté des administrations. Le NAO rend des comptes au parlement et est issu de la fusion de deux organismes d'audit, l'un gouvernemental et l'autre du parlement. Le NAO ne peut auditer les politiques des collectivités locales, sauf quand ces dernières utilisent de l'argent de l'État. Cela est étonnant car la décentralisation en s'est effectuée en Suède avec l'attribution claire de responsabilités très larges aux 21 régions (santé) et aux 290 communes (éducation, politiques sociales). Par ailleurs, ce sont les collectivités locales qui emploient la majeure partie des fonctionnaires. Ces collectivités ne sont toutefois pas hors de contrôle, elles sont auditées par une association dépendant de la fédération des communes et régions (*des « revisorer »).* Mais on peut soupçonner que ce contrôle des collectivités locales par elle-même est plus compréhensif que celui effectué par le NAO vis-à-vis de l'administration centrale.

Dans son champ de compétence, le NAO ne peut être suspecté de manque d'indépendance malgré son rattachement au parlement. En 2006, il a publié trois semaines avant les élections législatives, un rapport fracassant sur les politiques sociales mettant directement en cause le gouvernement social-démocrate alors au pouvoir ! Il suffit de mettre en regard en France la suspension de la parution du rapport de la cour des comptes sur les gestions des municipalités (dont la publication fut reportée à après les élections municipales de 2008) pour comprendre le fossé qui nous sépare. Il arrive cependant aussi que le parlement enterre des rapports.

Le NAO est dirigé par trois auditeurs indépendants, nommés pour sept ans qui ne sont pas des politiques (actuellement, deux juristes et un économiste). Le NAO décide seul de ce qu'il audite et de comment il le fait et choisit des priorités tous les trois ou quatre ans environ, affinées chaque année. Au-dessus des auditeurs existe un comité composé d'anciens et d'actuels membres du parlement. Ils décident si les rapports du NAO sont envoyés au parlement de manière formelle ou non. S'ils sont envoyés de manière formelle, le parlement doit les examiner publiquement et se prononcer par un vote.

Les agences sont très ouvertes à la coopération pendant les audits. La plupart réagissent très rapidement, et s'efforcent de se prémunir des critiques en corrigeant les problèmes avant même parution du rapport. Le NAO suit régulièrement l'application des mesures qu'elle a préconisées dans les administrations qu'elle a auditées. Les agences sont informées du rapport avant sa parution, mais pas des conclusions. Les conclusions ne sont jamais négociées avec les agences, ni avec les ministères !

Lorsque paraissent les résultats de l'audit, le gouvernement donne souvent plus de moyens à l'organisme concerné pour l'aider à s'améliorer.

Mais il arrive aussi que les agences soient réduites ou supprimées quand on s'aperçoit de leur inutilité.

Ainsi, SIDA (ASDI en suédois), l'Agence Suédoise de Coopération Internationale pour le Développement a-t-elle été sous le feu des projecteurs après la parution d'un rapport mettant en doute son efficacité, ce qui a entraîné sa restructuration immédiate.

e. Une décentralisation aboutie

Le transfert de compétences entre les différents niveaux de la société se négocie entre l'État et les collectivités territoriales. Normalement, tout transfert est précédé d'études et de négociations qui impliquent tous les partenaires, y compris l'opposition parlementaire. L'objectif est de tendre vers un consensus qui ne sera pas remis en cause suite à un changement de majorité. Aujourd'hui, La Suède est divisée en 21 régions avec pour chacune un préfet (Landshövding) représentant l'État à la tête du Länsstyrelse, et d'autre part par une assemblée locale élue (Landstinget) dont la principale fonction est de gérer les services de santé. Le préfet à un rôle très effacé, l'antenne régionale d'une agence rapportant directement à l'agence nationale. L'État a une responsabilité d'exception. Les conseils régionaux sont responsables de l'intégralité des soins médicaux et assurent les activités qui seraient trop coûteuses pour les communes. Leur principale mission est d'organiser les services publics de santé et d'hygiène, les soins dentaires, le développement régional (les transports en commun (en coopération avec les communes), la culture, les aides publiques à l'industrie, le tourisme).

L'administration locale comprend 290 communes couvrant la totalité du pays, avec un maire et un conseil municipal. Jusqu'en 1952 ces communes étaient plus de 2 600. Des fusions de communes ont été effectuées afin de créer des entités composées d'une agglomération centrale et d'une couronne périphérique et arriver à ce chiffre de 290 communes Suédoises. Ce chiffre à mettre immédiatement en regard de nos 36 000 communes françaises alors que la France n'est même pas deux fois plus grande que la Suède et seulement sept fois plus peuplée.!

Les communes gèrent les questions relatives à l'environnement proche : l'éducation préscolaire, primaire et secondaire, les soins aux personnes âgées, l'aide aux personnes handicapées, les services de secours, l'approvisionnement en eau et le tout-à-l'égout ainsi que les bibliothèques. Principal organe décisionnel de la commune, le conseil municipal se compose de représentants politiques élus au suffrage universel tous les quatre ans. Les impôts locaux représentent approximativement 70 % des revenus d'une commune ou d'une région. L'État décide quels impôts les communes peuvent prélever, et celles-ci fixent les taux et décident comment utiliser les recettes fiscales. Elles reçoivent également des subventions publiques, certaines étant non affectées tandis que d'autres sont réservées à des objectifs spécifiques fixés par l'État.

Pour résumer, on peut dire que la décentralisation suédoise a suivi trois grands principes exemplaires[42] :

- les services publics doivent être organisés au plus près des citoyens
- ils doivent être assurés de manière claire et lisible par des autorités publiques contrôlées démocratiquement
- la responsabilité financière va de pair avec le pouvoir de décision.

3. Une fausse cure de maigreur…

La cure de maigreur de l'État suédois est souvent mise en avant. Les réformes suite à la crise des années 90 auraient permis de limiter la taille du secteur public, en faisant décroître l'emploi public de 30%.

C'est cependant sans compter l'explosion des effectifs dans les collectivités locales ! Ainsi, lorsqu'on regarde la taille des secteurs publics

---

[42] Principes résumés par Alain Lefebvre et Dominique Méda dans : Faut-il brûler le modèle français, seuil, 2006.

au total, on s'aperçoit qu'en 2006, la population active suédoise travaillant pour le secteur public atteint près de 36% (contre seulement 27% en France), secteur public financé par une pression fiscale très importante !

Fig. 24 : graphe présentant les évolutions du nombre d'emplois dans les secteurs privé et publics en Suède (source : the Economist)

Si l'on regarde à nouveau le graphique ci-dessus, on s'aperçoit que le secteur public, s'il a bien diminué dans les années 90, est resté à un niveau extrêmement élevé (celui de la fin des années 70). En fait la décentralisation a été conduite jusqu'à son terme et a mécaniquement engendré une diminution des effectifs de l'État suédois. Ainsi, c'est plus d'un million d'employés du secteur public qui se trouvent dans les régions et dans les communes, portant la taille du secteur public suédois à un record mondial.

Il s'agit dès lors d'être conscient des réalités : Certes la fonction publique d'État a fondu en Suède, mais cela est dû surtout à une décentralisation qui a conduit l'État à confier aux autorités locales nombre de domaines, avec un transfert des employés en parallèle. **La fonction publique suédoise reste une des plus pléthoriques au monde**, et cela a un coût.

L'ensemble des prélèvements publics en Suède mesuré par l'OCDE en 2007 est de **49.7% du PIB** contre 46,1% pour la France.

4...donc un coût toujours très élevé !

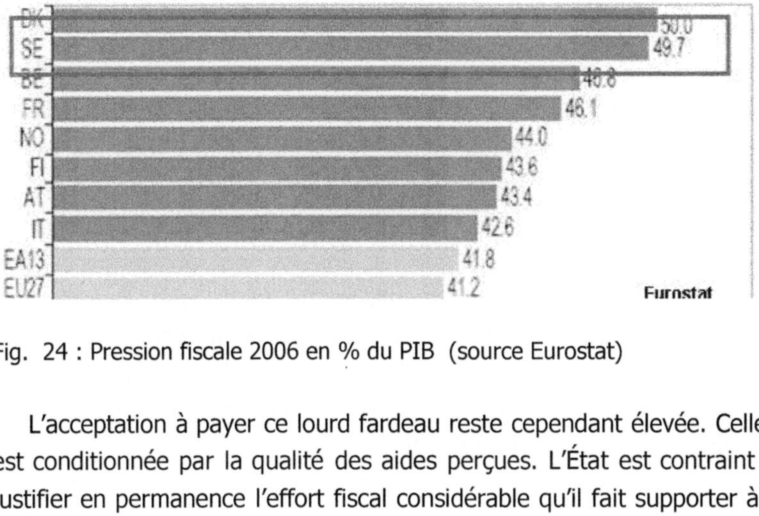

Fig. 24 : Pression fiscale 2006 en % du PIB (source Eurostat)

L'acceptation à payer ce lourd fardeau reste cependant élevée. Celle-ci est conditionnée par la qualité des aides perçues. L'État est contraint de justifier en permanence l'effort fiscal considérable qu'il fait supporter à sa population, et en retour les citoyens se montrent particulièrement vigilants sur l'utilisation de leurs deniers. Justement, intéressons-nous à quelques unes de ces utilisations...

B. UN TAUX DE CHOMAGE DISCUTABLE

Les chiffres officiels du chômage pour la Suède sont apparemment très bons (5,8% fin 2007 d'après Eurostat contre 7,5% pour la France) Cependant, ce chiffre est soumis à controverse

Nous avons déjà signalé lors de notre description des politiques actives de l'emploi, entre 2 et 3% de la population active (2,3% fin 2007) est en programme d' « activation » au cours de l'année et donc doivent être ajoutés aux 5,8% d'Eurostat.

En outre, on dénombre au total près de 650 000 personnes en congés maladie, soit 11% de la population en âge de travailler (9% en France). Ce chiffre est tout fait singulier dans l'OCDE et ne reflète pas du tout un état sanitaire préoccupant de la population suédoise mais une générosité des conditions d'octroi et de maintien des prestations maladie !

Ainsi, d'après les chiffres transmis par un directeur de l'agence de sécurité sociale suédoise (Försäkringskassan), environ 4% de la population active est en *congé maladie de courte durée*, contre moins de 3% en France. Les fraudes sont assez nombreuses semble-t-il, on nous a cité un cas classique : les parents disent rester à la maison pour s'occuper de leur enfant malade alors que les enfants sont pourtant au jardin d'enfants ! Des contrôles sont désormais faits avec l'employeur… Traditionnellement, un docteur ne refusait jamais un certificat maladie. Maintenant, des garde-fous ont été mis en place (mais pas encore très dissuasifs). Ce sont des barèmes : telle maladie, telle durée d'absence. Les dépassements doivent être justifiés.

En ce qui concerne les congés maladie de longue durée, près de 500 000 personnes, bénéficient d'une pension d'invalidité. Dans les années 90, on a même demandé aux médecins d'inclure la capacité de leur patient à retrouver un emploi pour déterminer son incapacité médicale ! Mais d'après un auditeur du Riksrevisionen, beaucoup de ces suédois toujours « en congé maladie » ont des maladies vagues, et peuvent voyager librement, et continuer à percevoir leur pension en Grèce, en Turquie... Environ la moitié pourrait probablement travailler ! Ainsi, il est de notoriété publique en Suède que des pensions d'invalidités ont été attribuées généreusement à des personnes de 40 ans dans le Nordland, où les emplois restent rares.

Ainsi, en prenant en compte congés maladie de courte durée et pensions d'invalidité, il semble bien que les chiffres du chômage suédois ne reflètent pas tout à fait la réalité, et que l'abondance des congés maladie et des pensions d'invalidité constitue un chômage masqué relativement important.

D'ailleurs, depuis quelques années, les Suédois parlent de « *jobless growth* », et le gouvernement actuel a reconnu que le chômage réel avoisinait plutôt les 15%. D'où nombre de mesures significatives qui ont été mises en place ces deux dernières années : la première consiste en la suppression de la préférence géographique lorsqu'on recherche un emploi. La seconde, qui fait suite à l'augmentation des cotisations de l'assurance chômage, est qu'en 2009, cette assurance chômage deviendra obligatoire pour tous les Suédois.

C. LES RATES DU SYSTEME DE SANTE

1. De nombreuses réformes et une décentralisation vers les régions

Des réformes structurelles de l'organisation des soins au cours des années 90 ont permis une stabilisation des dépenses de soin (autour de 8,3% du PIB contre plus de 9% en 1980). Leur légère remontée constatée récemment (retour à 9% du PIB) est bien moindre que celles d'autres pays comparables de l'OCDE. La France est à 11% du PIB alors qu'en 1990, elle se trouvait également à 8,5%. Les différences apparaissent notamment au niveau des dépenses de médicaments par habitant (du simple au double), et ce en dépit du fait que la Suède possède la plus forte proportion de personnes âgées en Europe (5,4% de + de 80ans).

Le financement et l'organisation des soins relèvent largement des communes et des régions. Le système est organisé sur trois niveaux :

- des centres de soin primaires, comprenant l'ensemble des professions médicales et paramédicales. Le médecin n'intervient que pour les cas les plus graves, les aides infirmières prenant le relais pour les visites bénignes. La plupart de ces centres sont publics ; 20% sont privés mais sous contrat avec les régions.
- soixante-cinq hôpitaux de régions pour les soins aigus et spécifiques
- huit hôpitaux de soins intensifs, très impliqués dans la recherche.

Les médecins sont essentiellement des salariés des régions. 80% travaillent en secteur hospitalier (contre 55% en France) et sont des spécialistes. Le patient a le choix de son centre de soin, de son médecin, de son hôpital.

L'organisation décentralisée a été choisie vers 1990 pour assurer un meilleur contrôle de l'augmentation des dépenses.

D'autres mesures ont été prises dans cet objectif, à commencer par la création d'un ticket modérateur. La participation des patients aux coûts est systématique, dans la limite d'un plafond de 100 euros par an, et ne peut faire l'objet d'aucun remboursement. (Il n'existe pas de parcours coordonnés conduisant comme en France à l'exonération de franchise).

La part des dépenses publiques dans le système reste néanmoins aux alentours de 85% contre 77% en France.

Ensuite, les autorités publiques ont décidé la réorientation d'un système basé sur l'hôpital vers un système centré sur les soins primaires et les soins à domicile. 45% des lits ont été fermés en dix ans, mais dans le même temps, le nombre d'infirmiers a fortement augmenté notamment pour répondre à une demande de soins à domicile.

De plus, les règles de gestion en vigueur dans le système concurrentiel ont été mises en place : séparation des acheteurs de service (comté) et des fournisseurs (hôpitaux). Les budgets des hôpitaux sont calculés en fonction de la productivité du meilleur hôpital, incitant les structures à aligner leurs pratiques sur la plus performante d'entre elles !

Enfin, l'action énergique de l'agence nationale (National Pharmaceutical Benefits Board) en faveur des génériques a permis de limiter la croissance des dépenses.

2. Les tensions du système

Si la maîtrise des dépenses de santé est un vrai succès, la satisfaction des patients n'est pas exactement au rendez-vous. Le système de santé suédois est désormais réputé pour ses files d'attente (hors urgence). Pour y faire face, l'État a mis en place des normes de délais pour la pris en charge. Ainsi, un patient ne doit pas attendre plus d'un mois pour un rendez-vous avec un généraliste et plus de trois mois pour un rendez-vous avec un spécialiste. Or le ministre de la santé a reconnu récemment que ces objectifs n'étaient pas tenus. Les hôpitaux publient quant à eux une estimation des délais d'attente correspondant aux différents services. Pour une opération, sauf urgence, il faut souvent attendre plus d'un an. « *La médecine préventive est très peu développée. Pour être vite soigné, il faut être très malade* » nous expliquait un consul de Suède en France. Un rapport suédois pointait également que « *Les prothèses de la hanche, les implants cardiaques ont des durées d'attente supérieures à un an* » ! Notre française expatriée déclarait « *l'accès aux soins est un parcours du combattant et, pour un Français, attendre son tour dans une queue 5 ou 6 heures par 39 de fièvres est absolument intolérable! J'ai profité de séjours en France pour aller me faire soigner* »

De plus des interrogations sur la politique du tout à domicile et sur la décentralisation du système se sont fait sentir. L'État essaie du coup de procéder à une certaine forme de recentralisation du système avec l'édiction de normes nationales et la réduction du nombre des régions.

En outre, les prescriptions de soin ont été particulièrement limitées. Une autre expatriée française s'étonnait ainsi de ne pouvoir obtenir un test anti allergénique pour son fils !

Le système de santé est devenu un motif de mécontentement majeur de la population suédoise, même si l'état de santé de la population reste très bon. Les Suédois ont cependant le sentiment de payer cher pour un service qui se dégrade et assistent au développement de cliniques privées proposant des soins à des coûts exorbitants. D'ailleurs, le domaine de la santé a été un des enjeux des dernières élections (où un *parti des usagers mécontents du système de santé* s'était présenté dans certaines régions) et des réformes sont en cours.

D. L'EDUCATION SUEDOISE EN QUESTION

A niveau de l'éducation, l'école suédoise, si différente de l'école française, obtient des résultats moyens proches de ceux de la France, comme le montre le graphique ci-dessous comparant les scores nationaux à l'étude européenne PISA (qui s'intéresse au niveau des élèves de 4ème), et mettant en regard les dépenses publiques d'éducation. On s'aperçoit alors que si la Suède est le pays qui dépense le plus pour ses l'éducation de ses enfants en % de PIB, elle est loin d'obtenir les meilleures performances.

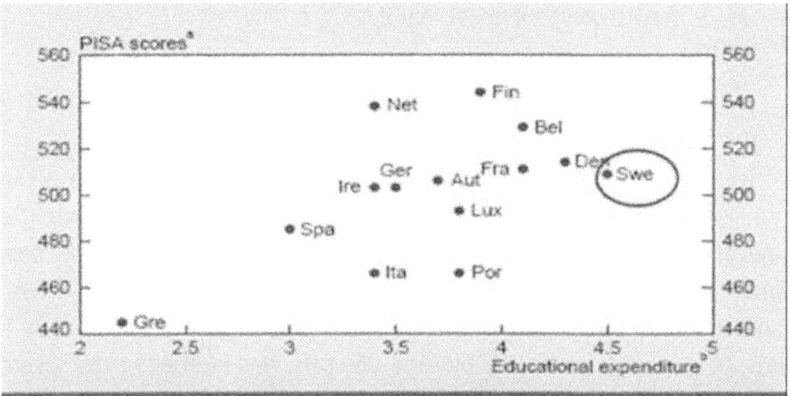

Figure 3.5
Educational expenditure and student performance
[a] Mean score for student performance in mathematics according to the PISA 2003 evaluation.
[b] Primary, secondary and post-secondary non-tertiary education in 2004, per cent of GDP.

Source: OECD (2007): Education at a Glance.

Fig. 25 : Dépenses d'éducation et résultats au test PISA des pays de l'OCDE (2007, OCDE)

En outre, les Suédois émettent des inquiétudes quant à la diminution du nombre d'enseignants, à la dégradation du niveau, à la discipline dans les établissements populaires... Les classes ne sont plus aussi calmes qu'avant, comme on peut le vivre également en France. Mais la question principale posée en Suède actuellement est : attend-on assez des élèves?

E. L'ARRIERE COUR DU MODELE :

1. La question de la seconde guerre mondiale

La seconde guerre mondiale prend en Suède la forme d'une mobilisation permanente pour la sauvegarde de son immunité. Cet objectif a été maintenu résolument pendant tout le conflit. D'où deux lignes directrices : d'abord l'organisation de la défense du pays : constitution de forces militaires de 400 000 hommes, mise en place de la censure et du rationnement, blocage des prix, des salaires et des loyers, extension du dirigisme économique. Ensuite, l'adoption d'une stratégie de neutralité sélective, de 1939 à 1942 plutôt favorable à l'Allemagne, puis, le repli nazi s'esquissant, aux alliés. Ainsi au début de la guerre, l'Allemagne est-elle autorisée à faire transiter des trains de « permissionnaires » allemands sur ses voies ferrées, en réalité des troupes et du matériel à destination de la Norvège et de la Finlande ; et surtout, la Suède livre à l'Allemagne jusqu'à 50% de sa production de fer. Puis à partir de 42, le transit ferroviaire est diminué puis arrêté (été 43), et les exportations de minerai de fer sont réduites. Mais, tout en donnant ces gages aux alliés, la Suède veille à ne pas heurter l'Allemagne. Elle adopte également des mesures d'ordre humanitaire, accueillant 50 000 finnois, 30 000 baltes, 11 000 danois, surtout des juifs, et 30 000 norvégiens.

La complaisance suédoise en faveur des allemands au début de la seconde guerre mondiale est restée longtemps dans l'ombre, à commencer par les manuels scolaires. Ce n'est en fait que récemment qu'elle a été reconnue, et que les Suédois se montrent très critiques par rapport à ce passé, ce qui ne manque pas d'entraîner une certaine culpabilité.

2. Les stérilisations forcées

Le scandale fut énorme en 1997, lorsque le principal quotidien suédois, le Dagens Nyheter, révéla qu'entre 1935 et 1975, près de 63 000 personnes (à 93% des femmes) avaient été stérilisées pour la plupart de force. Ces faits furent qualifiés d'actes de barbarie par la ministre des affaires sociales.

Les stérilisations sont liées à la création de l'État providence et du modèle suédois. En effet, les sociaux démocrates qui accèdent au pouvoir en 1932 conçoivent la direction de l'État comme une sorte de management social quasi scientifique, sous l'égide d'expert comme le couple Myrdal (prix Nobel d'économie en 1974 et prix Nobel de la paix en 1982). La stérilisation forcée est donc préconisée pour éviter que ne naissent des individus non adapté à la société en construction. Dès 1934, la loi autorise donc la stérilisation sur les faibles d'esprit, rapidement élargie aux individus ayant une conduite « antisociale » Jusqu'aux années 50, les stérilisations sont massives et concernent les handicapés mentaux, les gens du voyage, et même les dyslexiques ou les jeunes filles atteinte de myopie ! Rares sont ceux qui s'émeuvent de tels actes... L'ombudsman s'émeut lorsqu'en 1947 les citoyens en prison ou en maison de correction doivent subir une stérilisation pour en sortir, mais son rapport au parlement et au gouvernement restera lettre morte. Ce n'est qu'en 1975 que la loi est finalement modifiée, en en 1998, suite aux révélations du Dagens Nyheter et à la pression populaire qui les a suivies que le gouvernement suédois nomma une commission d'enquête, et tenta d'indemniser les victimes des stérilisations forcées. En Norvège, au Danemark, de semblables scandales ont éclaté : à chaque fois, le gouvernement a reconnu les faits et prononcé des excuses publiques.

3. Un problème de soins psychiatriques

L'assassinat de la ministre des affaires étrangères Anna Lindh, le 11 septembre 2003, a marqué tout un pays. Le premier ministre Göran

Person déclara alors : *« une mère a perdu sa fille, un époux sa femme, des enfants ont perdu leur maman, un pays a perdu son visage pour le monde »*. Le chef de la diplomatie suédoise, poignardée dans un grand magasin du centre de Stockholm, suscita une émotion immense. Repérée par le premier ministre Olof Palme à l'âge de 22 ans, Anna Lindh avait grimpé tous les échelons du parti et apparaissait comme un successeur possible à Göran Person.

Cet assassinat faisait un douloureux écho à celui perpétré le 28 février 1986 contre Olof Palme, alors premier ministre, qui avait été tué par balles alors qu'il rentrait du cinéma. A chaque fois, la victime était sans garde du corps. Mais Anna Lindh était fière de ne pas avoir de gyrophare bleu et de sirènes comme dans d'autres pays.

Condamné à la prison à vie pour le meurtre d'Anna Lindh, Mirail Mihailovic souffrait depuis des années de problèmes psychiatriques graves, qui n'étaient pas soignés faute de place dans les unités spécialisées. La Suède découvrit alors que la défaillance de leurs soins psychiatriques relevait d'une véritable faillite sociale. La réforme de la psychiatrie, commencée en 1994, entérinait la fermeture des hôpitaux psychiatriques, à rebours de la médicalisation à outrance qui prévalait auparavant, dans la droite ligne de la stérilisation forcée (on a dénombré ainsi jusqu'à 10 000 patients enfermés depuis plus de dix ans, un record mondial dans les années quatre-vingts). Après 1994, la Suède a pris la décision d'éviter l'enfermement à tout prix, et de soigner et d'assurer l'intégration des malades par l'autonomie. En réalité le programme ne sera jamais vraiment appliqué faute de crédit suite à la crise des années 90 : certains malades se retrouveront livrés à eux-mêmes, devenant des dangers publics. En 2003, ce sont 5 personnes furent tuées et 25 autres blessées par des fous, dans un pays qui a un des taux de criminalité les plus bas du monde.

Les personnes qui ont besoin de soins ne trouvent souvent pas de réponses adaptées. Tout le monde a ainsi en tête que le matin même du drame, le meurtrier d'Anna Lindh était allé chercher de l'aide aux urgences psychiatriques et avait été refoulé par manque de place. Si un plan de «stratégie intégrée » voté en 2006 va être mis en place, il n'en reste pas moins que la question du traitement des fous en Suède comme dans de nombreux pays occidentaux reste une réelle difficulté.

4. Un marché locatif très déficient

Hormis pour les cadres expatriés, dont les entreprises règlent les loyers qui peuvent atteindre entre 2000 et 6000 euros, il est très difficile de louer un appartement dans les grandes villes suédoises. Aux mains des communes ou de coopératives, le parc locatif est contrôlé par l'État et fonctionne par des listes d'attente. Des parents inscrivent donc leurs enfants à la naissance sur la liste pour leur assurer un logement vingt ans plus tard ! Les baux à vie sont courants, et la rotation dans les logements particulièrement réduite.

Les loyers sont fixés fonction des coûts dans ce secteur public du logement et non en fonction de l'offre et de la demande. En conséquence, le marché locatif se trouve dans une situation délicate, entre un système rigide de fixation des loyers et le marché en pleine expansion des logements en toute propriété et des logements de type coopératif. Ce mécanisme avait été crée par le parti social démocrate pour éviter la spéculation, mais lorsqu'on constate que des particuliers achètent des baux au marché noir pour plus de 70 000 euros, on ne peut que constater l'échec du système. Les prix de vente sont eux aussi artificiellement gonflés par ce système.

En outre, la concurrence dans la construction est faible et les communes ne sont pas assez incitées à accroître la constructibilité des terrains. L'OCDE recommande d'autoriser la propriété individuelle directe d'appartements et faire en sorte que l'application du système de détermination des loyers soit plus sensible à la situation du marché local.

5. Un problème qui focalise l'attention des Suédois : les violences conjugales

La Suède est souvent vue comme une société où il existe une égalité quasi-parfaite entre les hommes et les femmes. Au sein du gouvernement (50%), du parlement (40%), des conseils municipaux (48%), les femmes sont très présentes. Elles possèdent par ailleurs un niveau d'emploi très élevé (de l'ordre de 70%), ce qui les rend autonomes. Elles ont par ailleurs des facilités pour combiner un emploi avec une responsabilité de mère. Malgré tout cela, les violences envers les femmes ont augmenté à un niveau encore jamais atteint en Suède.

« La violence faite aux femmes est toujours un des plus grands problèmes de la société de notre temps » disait Göran Person. En 2005, environ 24 100 cas de violence contre une femme étaient dénoncés à la police (53 000 en France). Seize femmes seraient mortes sous les coups de leurs conjoints (168 en France). Ces chiffres marquent une augmentation de presque 30 % en dix ans. En plus, les cas non recensés sont nombreux. La violence rapportée à la police ne constituerait que 20 à 25 % de la violence réelle. Dans 72% des cas rapportés, l'auteur du crime et la femme se connaissaient. Au total, 21% des crimes de violence contre les femmes ont été élucidés en 2005. En outre, 10% des femmes admettent avoir été l'objet de harcèlement sexuel dans le travail.

La violence contre les femmes est commise habituellement à l'intérieur du domicile et au sein d'une relation proche. Au contraire, la violence faite aux hommes est commise habituellement au dehors du domicile et par une personne inconnue à la victime. En Suède, la loi de service d'aide sociale, Socialtjänstlagen, stipule que les communes sont responsables du soutien aux femmes exposées de la violence. Au sein des communes, le travail est mis en pratique par le service d'aide social (Socialstjänsten), et par des services de garde des femmes bénévoles (frivilliga kvinnojourer), mais ils sont souvent dépassés par la demande.

Même si ces violences ne sont pas largement au dessus de la moyenne, les Suédois les prennent très à cœur, particulièrement l'augmentation certaine du nombre de plaintes. Afin d'infléchir la courbe, de nombreuses formations sont assurées, ainsi que des spots TV et des encouragements à dénoncer, en cas de suspicion les maris violents.

6. Une fausse impression de long fleuve tranquille

Enfin, l'impression est souvent donnée que la vie de la Suède est un long fleuve tranquille et que le pays traverse les âges sans heurts. Rappelons ici que l'ensemble des pays nordiques, et notamment la Suède ont eu à faire face à une crise sans précédent au cours des années 90. Après la récession du début des années 90 (la plus grave depuis 1930), les rentrées fiscales ont soudainement chuté alors que les dépenses de prestations sociales ont explosé, amenant le déficit public annuel à 12% du PIB, et la dette à 80% du PIB.

En 1993, l'État suédois annonça des difficultés de trésorerie importantes ce qui conduisit les créanciers de l'État à solder leurs titres de créances provoquant une forte pression à la baisse de la devise locale. En l'absence de soutien massif des grandes banques centrales du Système Monétaire Européen, la banque centrale suédoise n'eut pas d'autre choix que de laisser flotter la couronne suédoise qui se déprécia de plus de 30%, appauvrissant brutalement le peuple suédois. Une crise de l'immobilier paracheva le tableau.

Un vaste assainissement de l'économie fut entrepris et les finances publiques retrouvèrent leur équilibre, pour atteindre les résultats précités. L'effet dos au mur a donc été majeur dans les réformes mises en œuvre. Mais il paraît important d'insister ici sur la dimension « adaptatibilité » du modèle suédois : ce dernier est bien loin d'être figé, et dans le détail ne ressemble plus beaucoup à celui des années 70.

F. DES DEFIS A RELEVER POUR LE MODELE SUEDOIS

Cette adaptabilité, qui est sans nul doute une des plus grandes qualités du modèle suédois, va probablement être mise à l'épreuve à la vue des défis qui l'attendent et dont nous proposons de donner un aperçu ici.

Si le vieillissement démographique inquiète beaucoup les hommes politiques, c'est le développement de l'immigration, rompant la très grande homogénéité de la population scandinave, qui semble le plus grand défi pour le modèle suédois. Le Danemark est le pays qui vit cette situation depuis le plus longtemps, et le phénomène est déjà explosif, comme en témoigne la semaine d'émeutes urbaines de février 2008, réplique de celles qui ont agité la France un an plus tôt. En Suède, la situation est pour le moment beaucoup plus sereine, même si les difficultés grandissent.

1. L'immigration et l'intégration

La Suède est depuis une cinquantaine d'années largement ouverte aux immigrés : immigration de travail dans les années 50 et 60 (italiens, grecs...), réfugiés politiques ensuite, à partir des années 70 (chiliens, argentins, grecs, yougoslaves, iraniens, iraquiens aujourd'hui). Les gouvernements ont mis en place un parcours d'intégration qui passe par exemple par l'attribution de logement, des subventions et des cours de suédois. Les enfants d'immigrés ont le droit à des cours dans leur langue d'origine (la philosophie sous-jacente étant que la rupture brutale avec la culture d'origine pouvait générer de la violence). Ce parcours, parfaitement adapté au petit nombre d'immigrants, pourrait être mis à mal par le bien plus grand nombre de réfugiés arrivant depuis quinze ans et provenant de cultures beaucoup plus différentes de la culture suédoise qu'auparavant. Déjà le lobby des femmes suédoises nous signifiait son émoi devant l'apparition de voiles dans les rues de Stockholm.

Le peuple suédois, d'une grande homogénéité, fait donc face, parallèlement au développement de l'individualisme, au grand défi de l'intégration de masse. Les libéraux sont assez offensifs sur le sujet et militent pour le développement d'une immigration économique tandis que le parti social-démocrate y reste pour l'instant hostile, en tentant d'abord d'améliorer les conditions de vie des immigrés déjà établis.

Transformer un pays socialement homogène en une société multiculturel est une ambition des sociaux démocrates depuis les années 90. Longtemps pays d'émigration, la Suède est devenue l'un des pays d'Europe où le flux d'immigrants légaux est le plus important. Par rapport à sa population, la Suède a ainsi accueilli en 1990 et 2000 trois fois plus de demandeurs d'asile que la France : des réfugiés des Balkans, des Irakiens, et des Iraniens. 20% des Suédois sont nés hors de Suède ou ont un parent né hors de Suède.

Faute de passé colonial, les Suédois n'ont pas d'a priori su les nationalités, l'Islam n'est par ailleurs pas aussi présent dans la culture des immigrés que dans d'autres pays d'Europe. On compte aujourd'hui près de 500 000 musulmans en Suède, qui ont une pratique religieuse très modérée. Si les chiffres de l'immigration sont très élevés, la bonne intégration est facilitée par le fait que les immigrés accueillis sont largement issus des classes moyennes et dirigeantes de leur pays : du fait de sa position géographique peu de clandestins, et la politique d'accueil des réfugiés politiques favorise l'arrivée de population éduquée.

Alors que la Norvège et le Danemark ont réagi au développement de l'immigration par des mesures plutôt limitatives, la Suède continue d'accueillir beaucoup de nouveaux immigrés et mise sur sa politique d'intégration. C'est un revirement par rapport à l'ancienne perception des Suédois qui considéraient que les immigrés étaient des invités temporaires n'ayant pas vocation à profiter de la société du bien être.

Une agence de l'intégration a donc été crée, et traite des modalités d'intégration de manière distincte des problèmes de flux migratoires, le principe général étant que les immigrés doivent parvenir le plus vite possible à l'autosuffisance économique par le travail. Il y a refus de la marginalisation donc mise en place d'aides comparables à celles attribuées aux Suédois sans ressources (accès au logement, prestations sociales,...). Le principe étant que les situations doivent être traitées au niveau le plus adéquat, ce sont donc les communes qui gèrent l'intégration et qui négocient avec l'État le nombre d'immigrés qu'elles accueillent, l'État se chargeant alors d'alimenter le budget spécifique des communes en fonction du nombre d'immigrés pris en charge. Trois lois successives ont par ailleurs été votées au cours des quinze dernières années, avec nomination d'un Ombudsman contre les discriminations ethniques. L'État a adopté aussi des plans de diversité ethnique, notamment dans des services publics comme la police.

Pour rendre acceptable par l'opinion les modes de vie de certains immigrés, le gouvernement a décidé de refuser le regroupement familial lié à des mariages impliquant de jeunes mineurs, de rendre obligatoire les programmes d'apprentissage des valeurs suédoises, et d'accroître le budget consacré au soutien aux femmes battues et aux jeunes filles en risque dans leur famille, ainsi que de renforcer l' « éducation » des hommes de cultures éloignées. Les associations ethniques sont parties prenantes du système et participent aux interventions parfois fermes du gouvernement dans certains groupes où les hommes violents font l'objet d'éloignement de leur famille. Il y a également, même si ce n'est pas une spécificité suédoise, une résurgence des crimes d'honneur dénoncé par le lobby des femmes.

La présence significative de députés issus de l'immigration est considérée comme un élément aussi normal que la parité des sexes, ce qui conduit à trouver sur les bancs du Riksdag une Roumaine, un Chilien, une Congolaise... Pourtant le taux de participation des immigrés aux élections locales, auxquelles ils ont accès après trois ans de résidence dans le pays reste très faible. Certains groupes sont néanmoins plus actifs, tels les immigrés du Chili (de la fin des années 70, ou ceux d'Iran plus récemment).

La Suède s'efforce d'inventer des outils pour intégrer des personnes avec une culture, notamment du travail, ainsi qu'un rapport à la collectivité radicalement différents des Suédois de souche. On observe néanmoins une certaine discrimination à l'embauche, produit de la crainte d'employeurs de ne réussir à intégrer des individus étrangers au principe de consensus, d'égalité et de transparence. En matière de logement, les immigrés ont tendance à se regrouper dans les banlieues des grandes villes du sud. La mixité ethnique est très faible dans ces quartiers, et l'agence de l'intégration rend des rapports assez critiques sur les politiques mises en œuvre par le gouvernement. L'ambiguïté de l'action gouvernementale tient en fait au grand écart entre bons sentiments au niveau des politiques publiques et habitudes de vie, sinon discriminatoires, au moins séparées, de la population : les Suédois se mélangent assez peu aux immigrés.

En 1991, l'émergence d'un parti populiste avait montré que même en Suède, des circonstances économiques difficiles et un leader charismatique pouvaient entraîner un soutien populaire à des positions xénophobes. Néanmoins, après quelques succès aux élections régionales, ce parti a vite régressé, et les autres partis sont confiants dans la vaccination de la Suède vis-à-vis du virus populiste et xénophobe. L'ensemble de la classe politique refuse de débattre avec le parti d'extrême droite, et les verrous supposés présents dans les mentalités suédoises permettent d'imaginer qu'il sera difficile au parti populiste de rentrer au Riksdag.

La plate-forme idéologique des « démocrates de Suède » le parti de l'extrême droite, est nostalgique. Aspirant à un retour à la Suède des années 50, avec une population homogène et un État providence très généreux rencontre un certain écho dans une société très ouverte à la mondialisation par ailleurs. Un documentaire filmé en caméra caché et diffusé en 2002 a montré des personnalités politiques de premier plan tenant des propos racistes, entraînant immédiatement leur démission.

2. La place dans l'Europe

L'adhésion de la Suède à l'Union Européenne est récente (elle date du premier janvier 1995), et le sentiment d'appartenance des Suédois à cet ensemble reste faible. La Suède est un pays aux confins du continent, qui n'a pas partagé les drames fondateurs de l'union européenne, et qui se vit surtout comme faisant parti de l'ensemble nordique, et de l'ensemble un peu plus vaste des riverains de la Baltique.

L'adhésion à l'Union apparaît non pas comme une évidence mais comme un choix pragmatique, visant à favoriser les échanges commerciaux et à concrétiser la stabilité politique retrouvée dans la région après la disparition de l'URSS. La présidence suédoise de l'UE en 2001 fut d'abord un événement de politique intérieure visant à légitimer celui-ci, en tentant de convaincre les Suédois des bienfaits de l'intégration dans l'UE.

L'adhésion à l'euro reste un débat incertain. Si les principaux partis sont majoritairement favorables à la monnaie unique, malgré quelques dissensions internes, le syndicat LO est par exemple très partagé et le peuple suédois lui-même plutôt hostile, essentiellement par peur de voir le modèle suédois se dissoudre dans l'UE (organisation des services de santé, monopoles d'État de distribution des boissons alcoolisées, sans parler de l'autonomie de sa pratique de dialogue social par rapport à l'activité normative de l'UE).

Un premier referendum en 2003 a conduit au rejet de l'adhésion à l'euro par 56,1% des suffrages, avec un taux de participation très important (80%). Un autre référendum n'est pas envisagé avant 2013.

L'élargissement de l'Union aux nouveaux membres fait l'objet d'un large consensus, d'abord parce que ce processus était vécu comme une aventure baltique. Si la dimension balkanique ou centre européenne intéresse peu les Suédois, les liens entre les deux rives de la mer baltique sont anciens (par exemple la mère d'Olof Palme, qui a été douze ans premier ministre, était lettone). Après l'effondrement du régime communiste en URSS, la Suède a été avec le Danemark, l'un des tout premiers pays à soutenir les mouvements nationalistes des pays baltes et à reconnaître les nouveaux gouvernements de ces pays. Depuis le début des années 90, les relations entre les États baltes et la Suède se sont développées rapidement, avec le soutien des réfugiés des États baltes en Suède. Certains d'ailleurs sont rentrés au pays, ce qui fait que le gouvernement estonien compte plusieurs ministres qui ont passé trente ans de leur vie en Suède ! L'aide économique, ainsi que certaines délocalisations ont déjà eu lieu vers ces pays. L'élargissement faisant de la baltique une mer quasi-intérieure à l'UE, la Suède espère voir renforcer la dimension nordique de l'UE, et prendre un rôle d'animateur de cette région. Les coopérations renforcées entre les 8 États bordant la mer sont une priorité de la diplomatie suédoise, devant lui permettre de construire une identité baltique et de peser sur l'Europe.

Pour comprendre la perception de l'UE par les Suédois, il faut prendre en compte que les Suédois ont le sentiment d'avoir retrouvé la voie du succès par leurs propres qualités d'organisation dans les années 90, et vivent souvent les politiques de l'UE comme des régressions par rapport à leur modèle : excédents budgétaires suédois contre pacte de stabilité difficilement respecté, dynamisme de l'innovation en Suède contre soutien à des secteurs jugés rétrogrades, agriculture vivant sans subvention contre PAC...

Par ailleurs, leur organisation décentralisée, avec un rôle-clé du parlement dans les institutions nationales s'oppose dans leur esprit à une politique européenne jugée anonyme, lointaine et soumise à l'hégémonie des grands pays.

Enfin la neutralité traditionnelle de la Suède (nous y reviendrons dans le paragraphe suivant) reste un obstacle psychologique à un engagement plus important dans la politique étrangère et de sécurité commune de l'Europe.

Malgré ces réserves, la Suède adopte un profil actif sur trois volets de la construction européenne :

- la stratégie de Lisbonne en faveur de l'innovation
- l'élargissement, conçu comme un facteur de croissance et d'extension de la démocratie.
- l'affirmation de l'Europe au service de la prévention des conflits et du maintien de la paix

Ces trois engagements traduisent une ambition économique et universaliste, où les impératifs de survie coïncident avec les idéaux d'une « superpuissance morale » (la Suède, avec une aide publique au développement de 1% du PIB, est un des plus généreux donateurs au monde).

Sur le plan économique, la Suède a une vision mondiale beaucoup plus qu'européenne, elle considère que son avenir dépend de sa capacité à bénéficier de la mondialisation en se projetant sur les marchés mondiaux, d'où une attitude très offensive en faveur de la libéralisation des échanges à l'OMC, et d'où un certain décalage avec les pays qui veulent construire une « préférence communautaire ».

La position de la Suède au sein de l'UE est donc de favoriser les avancées libérales en misant sur la levée des obstacles aux échanges, tout en sanctuarisant son modèle social, ce qui est perçu comme une ligne très difficile à tenir.

3. La remise en cause de la neutralité ?

La Suède vit en paix depuis presque deux siècles, et n'a jamais vécu d'invasion étrangère ni de révolution.

Depuis la doctrine de Bernadotte en 1834, la Suède est restée à l'écart de tous les conflits armés, et sa diplomatie a revendiqué un non alignement farouche. Le rôle de la Suède dans le monde se caractérisait par des prises de positions constantes : activisme en faveur des droits de l'homme, adhésion religieuse à l'ONU, conçue comme une organisation « sacrée », une politique de sécurité avec un très gros effort de défense, et enfin une passion pour la souveraineté nationale avec un puissant attachement aux symboles patriotiques comme le drapeau. L'entretien de forces armées considérables avec des industries spécialisées et une capacité de mobilisation très forte (800 000 réservistes) sont dans la lignée d'une doctrine de défense totale et nationale proche de la Suisse.

Mais depuis dix ans, le mythe de la neutralité armée prend peu à peu fin. Depuis 1994, année où les troupes russes ont achevé l'évacuation des États Baltes, l'effort de défense nationale a été réduit, et le nombre d'unités militaires opérationnelles a été ramené de soixante en 1996 à trente et une en 2004. C'est pour la société suédoise la fin de la culture de défense reposant sur des exercices réguliers de mobilisation des réserves.

Le contrôle des industries de défense est passé quant à lui dans des mains étrangères : BAE (UK) possède désormais 35% de SAAB (systèmes de combats et missiles), le fabricant de canons et munitions Bofors est passé sous pavillon américain, et les chantiers navals Kockums (compétents en sous-marins classiques), ont été rachetés par les allemands de HDW. Les militaires suédois ont été engagés au Kosovo, au sein de la KFOR, ce qui renforce au sein de l'opinion une conscience de coopération internationale.

Dans le même temps, les Suédois découvrent que la politique de sécurité n'a jamais été neutre : les gouvernements sociaux démocrates ont su manœuvrer avec les nazis puis avec les alliés pour éviter de basculer dans la guerre. Des travaux ont aussi mis en lumière des coopérations étroites avec les États-Unis et avec le Royaume Uni pour faire face à une éventuelle agression soviétique. Des bases aériennes suédoises avaient ainsi été adaptées pour accueillir des bombardiers britanniques en cas de conflit avec l'URSS.

A la même époque, la Suède, qui avait proclamé le rejet des armes nucléaires en 1958, engageait un programme de développement de bombe atomique suédoise qui se poursuivit jusqu'en 1972, occupant jusqu'à cinq cent ingénieurs et techniciens, mais qui fut un échec.

L'isolement militaire de la Suède et sa non-adhésion à L'OTAN restent aujourd'hui des motifs de débats majeurs dans le pays. Si le terme de neutralité a été abandonné pour être remplacé par « non participation à des alliances militaires », il n'en reste pas moins qu'en dépit de la volonté d'indépendance politique clairement affichée, un nouveau positionnement stratégique apparaît de plus en plus nécessaire.

4. Un modèle social fragile ?

La nature même du modèle suédois rend la préservation de celui-ci très difficile. Le financement des systèmes sociaux suédois est basé sur les prélèvements obligatoires : garde d'enfants, éducation avancée, hôpitaux, soin aux personnes âgées. Ces services sont accessibles indépendamment du salaire et du statut d'emploi. Or, depuis la seconde guerre mondiale, on constate dans le monde entier que la demande pour les services tend à augmenter plus rapidement que les revenus. D'autre part, la productivité des prestations sociales de ce type, peu soumises à la concurrence, augmente moins vite que celle du reste de l'économie. Les coûts de telles institutions augmentent donc plus vite que les salaires. Ces deux phénomènes corrélés conduisent à une croissance de ces prestations (et donc des impôts) supérieure à celle du PIB, si l'ont veut garder constante la satisfaction de la population. Cela est soutenable en période de forte croissance, comme ce fut le cas durant les 30 glorieuses: l'augmentation des coûts ne fait que ralentir l'augmentation des salaires, ce qui est parfaitement supportable.

De fait, la part de dépenses publiques en termes de PIB n'a cessé de croître durant ces années, jusqu'à dépasser 60% à la fin des années 80 en Suède.

Mais en période de moindre croissance, avec un contexte de prélèvements déjà très élevés, cela est beaucoup plus difficile, comme l'ont montré les années 80 et le début des années 90, qui ont vu les finances publiques suédoises se dégrader jusqu'à connaître une crise majeure au début des années 90. Depuis, l'État est contraint de stabiliser le coût des prestations sociales en termes de % de PIB. Le taux d'imposition suédois est un des plus élevés du monde, et rendrait toute augmentation particulièrement douloureuse. Les différentes solutions qui s'offrent alors à la Suède pour préserver son modèle sont peu nombreuses, et la Suède les a toutes essayées lors de grandes vagues de réformes provoquées par la crise du début des années 90 :

- recherche de gains de productivité dans les services publics, très difficiles à atteindre. Le passage de la quasi-totalité des fonctionnaires suédois d'un statut très protecteur de fonctionnaire à un statut similaire à celui du privé, la généralisation dans l'administration des indicateurs, de la gestion par objectifs et de la rémunération au mérite relèvent de cette catégorie.
- transfert des services au privé (avec la remise en cause du modèle que cela sous-tend). La Suède a ainsi privatisé la poste, les chemins de fer, et permis un certain développement des cliniques privées et surtout des écoles privées.
- dégradation de la qualité de certaines prestations sociales. C'est le cas de la politique de santé en Suède, dont les dépenses ont été stabilisées en termes de % de PIB, mais qui est célèbre pour ses délais et files d'attente, et frustre une grande partie de la population.

Autre exemple : l'ajustement automatique en Suède de l'âge de départ à la retraite, et du montant des retraites permettent de garantir l'équilibre à long terme des caisses des retraites. (Le sujet des retraites est détaillé en Annexes 4).

Dans les années 90, la solution principale a surtout consisté à augmenter le taux d'emploi[43], en retardant les départs à la retraite notamment, afin d'augmenter les recettes sans augmenter les taux d'imposition. Mais du fait des très forts taux d'emploi obtenus (ils sont aujourd'hui en Suède parmi les plus élevés au monde avec près de 76%) et du fait que la population en âge de travailler va baisser de dix points d'ici 2040 du fait du vieillissement (la part de personnes âgées de plus de 65 ans va passer de 16 à 26 % et la part de personnes très âgées de 2 à 6%), cette solution semble largement épuisée.[44]

En l'absence de mesures correctives, le ministère des finances prévoit, qu'en dépit de l'excédent budgétaire actuel, le déficit deviendra très important et la dette pourrait d'après l'office de prévision suédois atteindre 120% du PIB en 2050. Les finances publiques sont donc en danger, c'est pourquoi les Suédois s'astreignent à dégager un large excédent budgétaire aujourd'hui !

D'où également en partie le grand mouvement de privatisation actuel (Vin&Sprit (vendu à Pernod Ricard), Vasakronan ou Telia) visant justement à rembourser la dette publique de manière anticipée.

Ces deux éléments permettent de finir ce paragraphe sur une note optimiste : la Suède a pris la mesure des grands défis budgétaires qui

---

43 Le taux d'emploi est défini comme le ratio : population active/population totale

44 Il reste une petite marge de manœuvre consistant à augmenter le taux d'emploi des jeunes, qui ont tendance à entrer tard sur le marché du travail. Le gouvernement actuel a d'ailleurs pris des mesures en ce sens (arrêt des subventions à l'année sabbatique au cours des études). Après cela, le taux d'emploi atteindra probablement un plateau indépassable.

l'attendent dans les décennies à venir, et s'y prépare du mieux qu'elle peut.

5. *L'avenir du dialogue social*

La politique salariale suédoise est basée sur des conventions collectives assurant la paix sociale et l'homogénéité des salaires. Mais l'affaire Vaxholm est venue jeter une ombre sur ce système social. Vaxholm, une commune proche de Stockholm, a confié en mai 2004 à une compagnie lettone, Laval Un Partneri, la construction d'une école, sans garantie que les conventions collectives suédoises s'appliqueraient. Le syndicat suédois des travailleurs de la construction (*Byggnad*), la puissante fédération de 130 000 membres au sein de la centrale nationale LO, a vu dans cette décision un dumping sur les salaires et une violation du système de conventions collectives. Laval refusant de signer une convention collective, en novembre 2004, Byggnad a donc entrepris de mener une action collective, sous la forme d'un blocus du chantier, contre Laval en vue de la contraindre à signer l'accord. Le syndicat des électriciens suédois en décembre 2004 a suspendu tous les travaux d'électricité sur le chantier de Vaxholm en mesure de solidarité !

Après qu'en février 2005, la ville de Vaxholm a demandé la résiliation du contrat la liant à la société Baltic Bygg, filiale de Laval, Baltic Bygg a été déclarée en faillite le 24 mars 2005.

La cour de Justice des Communautés Européennes (CJCE) a rendu un arrêt très attendu sur « l'affaire Vaxholm » le 18 décembre 2007. Les conséquences de cet arrêt sont importantes pour le droit social suédois : la Cour a estimé que la convention que les organisations syndicales suédoises prétendaient imposer à Laval excédait la protection minimale et elle a justifié sa décision en soulignant que la directive européenne n'obligeait pas les prestataires de service étrangers à respecter les normes de travail, au-delà du salaire minimum. Même si on peut noter que l'arrêt consacre également le droit des organisations syndicales à mener des actions collectives contre le dumping social, l'affaire Vaxholm est un coup de plus porté au modèle social suédois.

6. Le développement de valeurs individualistes

Autre ombre sur les conventions collectives centralisées : la Suède ne reste pas à l'écart de l'augmentation des écarts de revenus, notamment avec le développement des activités de finances et de télécom qui tendent à payer leurs employés mieux que les autres secteurs. De plus, la mondialisation induit une forte pression sur les salaires aux deux bouts de l'échelle : à la hausse pour les dirigeants (pour attirer les meilleurs éléments), à la baisse en bas du fait de la concurrence des immigrés et des pays à bas coût de production. La paisible harmonie due aux faibles écarts de revenus est donc en jeu. En outre, des scandales impensables font leur apparition comme chez Scandia où un des membres du conseil d'administration aurait fait rénover son appartement aux frais de la société... Le travail au noir semble d'ailleurs en augmentation, même si l'obtention des chiffres est toujours compliquée, et les contrats temporaires se multiplient pour faire face aux besoins croissants de flexibilité.

La Suède semble parfois douter de son modèle, écrivent Anders Nilsson et Ôrjan Nyström[45] devant l'accentuation des inégalités salariales. Si celles-ci « s'accroissent de façon notable et durable, le modèle entrera tôt ou tard en crise : la logique universelle à l'œuvre dans les systèmes de redistribution (une même qualité de service pour tous) ne parviendra plus à satisfaire le surplus de demande de ceux qui ont vu leurs revenus augmenter »... ce qui alimentera leur insatisfaction et diminuera leur seuil de tolérance à des impôts élevés « et incitera les individus à compléter le système commun avec des solutions privées. » Mais alors, on ne pourra

---

[45] Dans : Quand la Suède doute de son modèle. La république des idées, septembre 2006

plus parler simplement de réforme, mais de changement profond de l'État social.

Par ailleurs les interrogations sur la fuite des cerveaux et sur le niveau d'imposition progressent alors que c'était des sujets tabous : la Suède en deux ans supprimé l'impôt sur les successions, sur la fortune et réduit la taxe foncière et d'habitation...

Le nombre d'étudiants quittant la Suède avec un prêt de l'État pour leurs études supérieures augmente continûment. Et même si la grande majorité finit par revenir au pays, beaucoup d'entre eux vivent des expériences en dehors de l'État providence dans des pays où la place laissée à l'individu est plus étendue. Ces expériences affecteront nécessairement la société suédoise au cours des années à venir.

Même le système institutionnel reflète ces évolutions récentes. Le mode de scrutin proportionnel est ainsi pondéré par la possibilité pour les électeurs de choisir au sein de la liste pour qui ils votent le candidat qu'ils veulent voir élu le premier. En 2002, près de 30% des Suédois ont ainsi personnalisé leurs votes, et cela va conduire inéluctablement les acteurs politiques à exprimer leur singularité pour attirer sur leur nom des suffrages. Les électeurs et les candidats peuvent donc sortir du cadre strict imposé traditionnellement par le parti.

7. Les élections de 2010

En ce qui concerne la prochaine élection, les sondages sont unanimes : les sociaux-démocrates vont revenir au pouvoir en 2010 en Suède. Mona Sahlin, 52 ans, déjà plusieurs fois ministre par le passé, a été choisie par les sociaux-démocrates comme leader du parti et pourrait bien prendre la place de Reinfeldt.

Selon nous, le gouvernement actuel a peut être un peu trop bousculé le modèle, notamment en supprimant l'impôt sur la fortune, ainsi qu'en validant certaines évolutions loin de l'égalitarisme auquel sont attachés les Suédois. En abaissant l'effort d'excédent budgétaire (passant de 2% à 1% d'exigence), il semble privilégier davantage la génération présente. En outre, les partis bourgeois ont été élus avec le mandat de corriger les défauts du modèle, comme cela a par exemple été déjà le cas en 1991 avec Carl Bild. Une fois les mesures douloureuses prises, les sociaux-démocrates pourraient bien revenir au pouvoir pour assez longtemps : la Suède aime la stabilité.

Cela dit, la droite offre désormais, et peut-être pour la première fois, une alternative crédible de gouvernement sans remettre en question le modèle social, et l'alternance prévaudra sans doute de manière beaucoup plus régulière à l'avenir.

En fait, 2010 sera la date clé : l'incapacité du parti social-démocrate à reconquérir le pouvoir au terme du mandat 2006-2010 serait beaucoup plus significative que sa défaite de 2006, car jusqu'à présent, les partis bourgeois n'ont jamais été reconduits après les rares périodes durant lesquelles ils ont dirigé le pays... Les Suédois se montrent prudents. Ils nous disent que tant que Mona Sahlin ne dit rien, elle monte dans les sondages...Cela durera-t-il ?

CONCLUSION

Au terme de ce parcours, nous espérons avoir montré que le modèle suédois n'est donc ni un idéal, ni une illusion, mais bien souvent un malentendu. La Suède est sans nul doute une mine de bonnes idées, mais il faut bien admettre que la transposition directe en France de mesures qui marchent en Suède peut s'avérer, du fait des contextes trop différents, inefficace voire contreproductive.

Alors, faut-il le piétiner et oublier les beaux discours de François Fillon ou de Ségolène Royal que nous présentions en introduction ?

Nous répondons par la négative, car si le modèle suédois est un rêve, c'est un rêve utile. Lors de nos échanges, nous avons souvent entendu « *La France a besoin de modèle positifs* ». Le modèle positif suédois peut dès lors être utilisé de deux manières particulièrement utiles.

D'abord, nous pouvons nous en servir comme d'un miroir pour questionner la France et son modèle. Ainsi, notre première réaction au contact de l'administration suédois fut de s'étonner du peu de contrôle, et de suspecter là un dysfonctionnement majeur. Il nous a fallu du temps pour réaliser qu'en réalité, nous plaquions notre grille de lecture française sur la Suède, et pour avoir l'humilité de réaliser qu'il est effectivement possible de faire fonctionner un État sans une armée de contrôleurs, de comptables, de procédures et de garde-fous de toutes sortes. Une fois ce cheminement intellectuel réalisé, on peut alors retourner la question : pourquoi cette obsession du contrôle dans l'administration française ? Quelle construction historique est à la genèse de ce phénomène, et est-il encore nécessaire ? Cette investigation est évidemment hors de portée de notre étude, mais elle illustre une des grandes utilités du modèle suédois : se mettre à distance de notre modèle français pour le questionner en profondeur.

Ensuite, la plus grande vertu du modèle suédois est probablement de nous rappeler qu'il existe, à deux heures d'avion de Paris, un pays soumis à des contraintes macroéconomiques semblables qui réussit entre autres performances à dégager un excédent budgétaire de 1 % et un taux de croissance structurel supérieur de 0,5% au taux français. Ces résultats nous interdisent d'affirmer qu'ils sont inatteignables, et constituent donc pour la France un formidable aiguillon pour l'action.

Aussi, prenons garde au malentendu, ne cherchons pas à copier les méthodes suédoises mais visons les mêmes objectifs ambitieux qu'eux, et ne craignons pas de dire : *Si les Suédois l'ont fait, pourquoi pas nous ! Mais faisons-le différemment !*

Annexe 1 : Bibliographie

Michel Brulé, Les Scandinaves et nous, *Sociétal*, 2ème trimestre 2006

Jean-Marc Daniel, Le monde scandinave, *Sociétal*, 2ème trimestre 2006

Louis Schweitzer, Entretien avec Louis Schweitzer, *Sociétal*, 2ème trimestre 2006

Philippe Waechter, Suède et Danemark : vivre sans l'euro, *Sociétal*, 2ème trimestre 2006

Vivo Tanzi et Ludger Schuknecht, État providence et performance économique : le cas des pays nordiques, *Sociétal*, 2ème trimestre 2006

Raymond Van der Putten, Le modèle danois : flexibilité-sécurité, *Sociétal*, 2ème trimestre 2006

Pierre Boisard, L'aide au retour à l'emploi en Suède, *Sociétal*, 2ème trimestre 2006

Pierre Vinde, Un modèle suédois?, *Sociétal*, 2ème trimestre 2006

Denis Delbourg, Le modèle suédois et son inscription dans l'espace européen, *Sociétal*, 2ème trimestre 2006

Viviane du Castel, Norvège: des spécificités comme autant de chances ?, *Sociétal*, 2ème trimestre 2006

Alexander Stubb, En quoi l'Europe a changé la Finlande ?, *Sociétal*, 2ème trimestre 2006

Michel Hastings, Dieu est-il Nordique *?, Revue internationale de Politique Comparée, vol 13*, n°3, juin 2005

Jean-Pascal Daloz, Sur la modestie ostensible des acteurs politiques au nord du 55ème parallèle, *Revue internationale de Politique Comparée,* vol 13, n°3, juin 2005

Yann Algan et Pierre Cahuc, La société de défiance, *Collection du CEPREMAP*, 2005

Alain Vasselle et Bernard Cazeau, Réformer la protection sociale : les leçons du modèle suédois, *Rapport d'information du Sénat n°377*, juil 2007

Bo Lundgren, Derniers développements de l'assurance chômage en Suède, *Rapport de l'Association Internationale de la Sécurité Sociale*, avr 2006

Fiche d'information, La politique de l'emploi en Suède, *Institut Suédois*, août 2005

John P Martin, What Works among active Labour Market Policies : evidence from OECD Countries' experience*, OCDE Economic Studies*, jan 2000

Pierre Boisard, Politiques et institutions Suédoises d'aide au retour à l'emploi*, Les papiers du CERC*, déc 2005

Åke Bergmark, Prêts à travailler? Les politiques d'activation suédoises au cours des années quatre-vingt-dix, *Revue française des affaires sociales*, avr 2003

Wojtek Kalinowsky, Suède : Feux croisés sur la gauche nationale, *La Vie des Idées*, Octobre 2004

Marie Demker, Essor et déclin du modèle nordique à 5 partis, *Revue internationale de Politique Comparée*, vol 13, n°3, 2006

Pierre Forthomme, Entreprise et société en Suède : un regard aux sources du modèle, *Compte-rendu de la séance du 8 juin 2007 de l'Ecole de Paris du management*, juin 2007

Jacques Arnaud, Le modèle suédois revisité, *L'harmattan*, 1992

Marie-Laure Le Foulon, Le rebond du modèle scandinave, *Editions Lignes de Repères*, 2006

Ka Lin, Cultural Traditions and the Scandinavian Social Policy Model, *Social Policy & Administration*, vol 39, n°7, déc 2005

André Grjebine, Norvège : avantages et aléas de la cohésion sociales, *Etudes du CERI n°130*, 3, nov 2006

Guillaume Duseigneur, Le scrutin et le modèle. Suède 2006 : des élections pour quelle alternance ? , *Revue internationale de Politique Comparée*, vol 13, n°3, 2006

Anders Lindbom, Bo Rothstein, La résilience du modèle suédois de Welfare dans l'Economie mondialisée. , *Revue internationale de Politique Comparée*, vol 13, n°3, 2006

ANNEXE 2 : Précisions sur les politiques actives de l'emploi en Suède

La politique de l'emploi suédoise trouve ses racines à l'époque de la première guerre mondiale pendant laquelle, en août 1914, la commission paritaire du chômage créa un système d'indemnisation du chômage et d'emplois subventionnés. Les suédois ont très tôt considéré que l'aide au retour à l'emploi, quitte à créer des emplois publics, était préférable à une aide publique sans contrepartie.

L'organisation territoriale des services de l'emploi suit le découpage de la Suède. La première agence locale de l'emploi fut crée en 1902. Il en existe aujourd'hui 325, dont une au moins par commune. Les partenaires sociaux et les autorités locales sont étroitement associés à la gestion des agences locales. Plusieurs grandes villes disposent également d'agences de l'emploi spécialisées ayant pour mission de fournir un soutien ciblé à certains corps de métiers (bâtiment, automobile..). Elles accueillent également les salariés qui souhaitent changer d'emploi ainsi que les handicapés ou des étrangers qui ont besoin d'une aide spécialisée.

Jusqu'au 1er janvier 2008, les agences dépendaient administrativement des agences régionales. Depuis, ces dernières ont fusionné pour créer l'agence nationale de l'emploi, afin de garantir plus de cohérence dans l'application des politiques, et afin de permettre des gaines de productivité. Chaque agence locale reçoit une dotation fixe pour le personnel et les locaux, le financement des programmes étant centralisé. L'offre de service de l'agence nationale passe par trois canaux différents : les agences locales, les centres d'appel (ouverts tous les jours) et internet. Les effectifs du ministère de l'emploi sont de 25 personnes, l'agence nationale en emploie 180 au niveau central, et les agences de l'emploi environ 10 500 agents. Ces chiffres montrent bien la forte productivité de l'administration centrale suédoise.

i. Le parcours d'un chômeur suédois

Les demandeurs d'emploi doivent s'inscrire avant toute chose à l'agence de l'emploi locale (du domicile) pour bénéficier de l'allocation chômage. Le premier rendez-vous intervient sous cinq jours et permet au conseiller de réaliser le plan d'accompagnement du chômeur et de finaliser son dossier (notamment de vérifier les diplômes). Ensuite le conseiller (qui gère 250 à 300 dossiers du début à la fin) donne le feu vert pour le versement de l'assurance chômage.

La gestion personnalisée est au cœur des politiques suédoises de l'emploi. Dès ce premier entretien, les demandeurs sont classés en trois catégories :

- *Le groupe des autonomes*, ceux qui ont la capacité de retrouver un emploi par eux-mêmes et n'ont besoin que d'un appui minimal pour trouver un emploi en moins de six mois. (40% des chômeurs)
- *Le groupe du milieu,* composé des demandeurs d'emploi qui ont des difficultés à trouver un emploi par eux-mêmes et risquent de connaître une période de chômage supérieure à 6 mois. (30%)
- *Le groupe de l'extérieur*, composé principalement de personnes n'ayant jamais travaillé et de nouveaux immigrants, des personnes qui ont des chances élevées de devenir chômeurs de longue durée (30%).

Cette répartition permet de proposer des services différenciés, avec un suivi beaucoup plus important des deux derniers. Le premier acte de l'individualisation de l'aide est l'élaboration d'un PAI (plan d'action individuel), généralement lors du second entretien, qui définit le type d'emploi recherché en fonction des compétences et de la situation du marché du travail. Généralement les chômeurs du premier groupe ne sont pas poussés à en établir un, sauf lorsque trois mois se sont écoulés sans retrouver d'emploi.

Les services proposés par les agences de l'emploi sont variés : l'aide à la recherche d'emploi (entretien hebdomadaire avec toujours le même interlocuteur), l'aide à la création d'entreprise (avec conservation de l'allocation pendant les six premiers mois suivant la création). L'amélioration des méthodes de recherche, la définition des aptitudes, et l'adaptation du demandeur à sa situation professionnelle sont autant d'ateliers offerts au chômeur. Pour les entreprises, l'agence offre deux services : possibilité de recrutement, et formation en vue d'un recrutement. Les entreprises peuvent ainsi publier des annonces et consulter la base de données de CV.

Les demandeurs d'emploi doivent informer toutes les deux semaines, par exemple par email, mais toujours sur la base d'un formulaire, de leurs démarches ainsi que présenter des pièces justificatives.

De plus les demandeurs d'emploi s'exposent à des sanctions s'ils refusent un emploi approprié tel que défini dans le PAI ou évalué comme tel par l'agence de l'emploi. Un emploi approprié doit tenir compte de la formation et de l'expérience du demandeur, mais à partir du moment où le potentiel employeur estime que le chômeur a les compétences voulues pour l'emploi proposé, cet emploi est considéré comme approprié.

Il n'est désormais plus tenu compte de la zone de résidence. La zone de recherche est obligatoirement et d'emblée toute la Suède. Pendant les cinq premiers mois, les recherches peuvent être limitées « professionnellement » et en terme de niveau de salaire. Ensuite les limitations sont levées. C'est la caisse d'assurance chômage qui avertit les agences de l'écoulement de la période de 100 jours. Au premier refus d'emploi, les allocations sont réduites de 25% pendant 40 jours. Elles sont réduites de 50% au deuxième pendant la même durée puis sont purement supprimées au troisième refus. En 2004, près de 7000 mesures de suppression de tout ou partie de l'indemnité chômage ont été notifiées, ce qui constitue une augmentation notable par rapport aux dernières années. Le nouveau gouvernement élu en 2006 a renforcé ce contrôle et durcit les conditions de maintien des allocations.

ii. Une aide à la formation importante

La politique de l'emploi suédoise met un accent énorme sur la formation. 60% de l'ensemble des bénéficiaires de mesures d'aide au retour à l'emploi suivent une formation. C'est la proportion la plus élevée d'Europe, reflétant l'effort général porté à la formation : en 2003, plus d'un salarié sur trois (37.3%) avait suivi une formation au cours des quatre dernières semaines. A coté de formations qualifiantes, des stages de recherche d'emploi sont également proposés. Tous les programmes de formation sont assortis d'allocations équivalentes à l'allocation chômage. Les chômeurs âgés de plus de 20 ans ont accès au programme "expérience professionnelle" d'une durée de 6 mois maximum (stage professionnels en entreprise, plus entretiens de suivi et activités de recherche d'emploi). Le programme "formation professionnelle sur le tas" permet à des employeurs qui offrent une formation à leurs employés d'embaucher des chômeurs pour les remplacer. L'aide versée couvre les frais de la formation sur une période de deux ans maximum, jusqu'à un certain plafond. Environ 1000 bénéficiaires par an suivent ce programme.

Un autre exemple : toutes les municipalités suédoises ont ouvert des centres informatiques auxquels les chômeurs ont accès pour recevoir une formation. Les participants reçoivent une formation de base de 12 semaines mais le stage peut durer jusqu'à 6 mois. Pendant ce stage, les « élèves » reçoivent une allocation d'aide à l'activité. 25% des 5000 participants ont trouvé un emploi régulier dans les 90 jours qui ont suivi ce stage.

iii. Un système d'assurance chômage performant

Le système d'assurance chômage se distingue des autres systèmes européens par le fait qu'il est administré par des associations privées proches des syndicats et que l'adhésion à une caisse est facultative. La première caisse d'assurance chômage est celle des typographes, et date de 1893, à l'initiative du syndicat de cette profession. Le système d'assurance chômage repose sur deux piliers: une allocation de base forfaitaire est versée aux chômeurs qui n'ont pas le droit aux allocations distribuées par les caisses, et une allocation indexée sur le salaire antérieur pour les adhérents, dans la limite d'un plafond d'environ 2000 euros. (La faiblesse de l'allocation maximale critiquée par le syndicat de cadres (SACO) l'a conduit à établir une possibilité de souscrire une assurance chômage complémentaire. Entre 12 et 15% des adhérents de caisse d'assurance chômage ont souscrits un tel contrat.)

Il n'y a pas un système unique d'assurance chômage mais 37 caisses indépendantes à adhésion volontaire (mais bientôt obligatoire) qui comptent au total près de 4 millions de membres soit 90% des salariés suédois. Ces caisses, qui ne se disputent pas leurs membres puisqu'elles sont limitées à un segment du marché du travail, sont fédérées dans la fédération SO qui les représente devant les agences gouvernementales et coordonne leurs actions. Historiquement, les caisses étaient affiliées aux syndicats mais elles sont aujourd'hui indépendantes. Néanmoins l'adhésion à un syndicat entraîne l'adhésion à une caisse spécifique. Une caisse est également ouverte à tous, syndiqués ou non et gère en plus l'allocation de base.

Les ressources des caisses proviennent à 90% de l'impôt (versées par l'État via l'Agence sur base de leurs demandes hebdomadaires). Les 10% restants proviennent des cotisations des salariés adhérents prélevées par les services fiscaux. L'essentiel du financement des programmes sociaux repose donc sur l'impôt sur le revenu qui est à la fois élevé et progressif. Les caisses sont soumises à une législation qui leur impose de n'avoir aucune autre activité que la gestion et le versement de l'allocation chômage à leurs membres.

iv. Quelles leçons en tirer ?

Si en France, le rapprochement de l'UNEDIC et de l'ANPE est questionné, il est notable qu'en Suède, la gestion de l'assurance chômage et l'accompagnement vers le retour à l'emploi sont certes corrélés mais relèvent de logiques et d'acteurs différents. Les caisses limitent leur action à la collecte des cotisations et au contrôle et paiement des droits, tandis que les agences locales pour l'emploi sont les organismes qui accueillent le chômeur et tentent de trouver avec lui des solutions pour sortir de cette situation. Cela dit, les évaluations de l'OCDE insistent sur l'importance des interactions entre politiques actives et passives de l'emploi, qui doivent être les deux volets complémentaires d'une politique d'ensemble cohérente. Ce qui compte donc, ce n'est pas l'existence d'un organisme unique, mais la délimitation stricte du champ d'action de chacun, la cohérence d'action entre eux, et l'existence d'un seul acteur face aux demandeurs d'emploi, ce que semble réussir la Suède.

Les Suédois ont par ailleurs choisi un niveau élevé d'allocation chômage pour les salariés ayant un faible salaire, et ce sur une durée relativement longue, sans dégressivité, mais avec un plafond relativement bas (moins de 2000 euros) : les plus défavorisés sont donc les plus aidés, et cela est un choix politique réalisé par l'État qui apporte 90% des ressources des caisses de chômage. Le pilotage des règles par l'État n'empêche pas de confier aux partenaires sociaux la gestion de l'indemnisation du chômage.

Les collectivités territoriales sont associées étroitement au retour à l'emploi. Les communes notamment jouent un rôle important (notamment en ce qui concerne la garantie d'activité et de ressources) en collaboration avec les agences pour l'emploi. Cette collaboration est possible du fait de la taille des communes (290 pour 9 millions d'habitants) et leur assise budgétaire importante. L'efficacité de la territorialisation de la politique d'emploi suppose là encore une juste délimitation des responsabilités des différents acteurs.

Enfin, la personnalisation de l'aide dès l'inscription du chômeur et l'évaluation jouent un rôle essentiel dans la conduite de l'action de l'État. Ce système permet de tirer les leçons des expériences et d'adapter rapidement les instruments des politiques de l'emploi aux différentes catégories de chômeurs.

v. Mais...

Les résultats des études de l'OCDE sur les politiques actives poussent à la prudence : leur efficacité est très variable selon les pays, et elles ne sont qu'un outil qui ne saurait remplacer un environnement micro et macro-économique efficace.

Concernant la Suède, si l'OCDE n'évalue pas en particulier sa politique de l'emploi, on peut noter qu'elle satisfait pratiquement toutes les recommandations de l'organisation, à savoir :

Mettre en cohérence autant que possible les politiques actives et passives de l'emploi, avec en particulier un seul interlocuteur pour les chômeurs

Classer les nouveaux chômeurs selon leur probabilité de retrouver un emploi par eux-mêmes, et mettre en œuvre des politiques différenciées

« Activer » autant que faire se peut les indemnités, par exemple par des bonus à l'embauche, des rendez-vous réguliers dans les maisons de l'emploi...

Contrôler au maximum et séparément l'employabilité et la recherche active d'emploi des chômeurs

Rendre conditionnelles les aides à l'acceptation des emplois, programmes et formations

S'assurer que les participants à des formations dépendant du secteur privé continuent à chercher du travail et ne soient pas encouragés par des prolongations d'aide à la clé

Explorer toutes les possibilités pour rendre les services publics de l'emploi aussi efficaces que possible, en particulier par des mises en concurrence.

vi. Une question de point de vue ?

Par-delà l'argumentation la plus explicite qui vise à présenter les programmes d'activation comme un contrepoids nécessaire aux aides financières passives, les vraies motivations au fondement des programmes d'activation ne seraient pas pleinement assumées, à savoir diminuer les statistiques du chômage, et aussi traduire une inquiétude sous-jacente quant à la moralité des gens et la volonté de mettre en place des dispositifs qui empêchent les personnes indolentes ou faussement dans le besoin de recevoir des prestations.

La conditionnalité de l'aide sociale participe, d'une part, de l'affirmation de sens commun selon laquelle « ceux qui n'essayent pas vraiment de trouver un travail ne devraient pas pouvoir bénéficier des fruits de l'effort collectif » et, d'autre part, de la volonté d'identifier et de valider les aptitudes individuelles.

Annexe 3: précisions sur le régime de retraite suédois

Ce nouveau système, voté en 1998 suite à des débats intenses, couvre toute la population, y compris les fonctionnaires du système public et s'articule en trois volets :

- à la base, une retraite minimum indexée sur le coût de la vie est garantie pour tout citoyen de plus de 65 ans.

- le deuxième volet est constitué d'un système de répartition dont le montant résulte d'un calcul actuariel fondé sur les cotisations de chaque citoyen assises sur un revenu plafonné. On peut bénéficier de ce volet à partir de 61 ans, l'âge de départ à la retraite étant laissé au libre choix de la personne (âge normal = 65 ans). L'évolution de ce volet suit l'évolution des salaires. Il existe une clause de sauvegarde à avoir que le montant de la retraite, y compris celui de la retraite minimum, peut être recalculé à la baisse afin de préserver l'équilibre du système.

- 3ème volet : constitué par une part de capitalisation. Tout citoyen doit verser 2.5% de ses revenus sur un compte individuel d'épargne retraite. Ce compte peut être géré au choix du citoyen par une compagnie d'assurance, une banque ou un organisme public spécialisé. En général, les Suédois choisissent l'organisme public.

Les fonctionnaires, ainsi que de nombreux salariés du secteur privé, ont des systèmes de complément de retraite, établis par conventions collectives et gérés par les partenaires sociaux. Chaque année, l'administration centrale des retraites fait parvenir à tout citoyen un récapitulatif des droits acquis.

Détail du mécanisme

Jusqu'en 1998, le régime de retraite public suédois était par répartition à prestations définies fondé sur la base du salaire moyen des quinze meilleures années et d'une activité professionnelle à temps plein d'au moins trente années. Désormais, il existe en Suède deux régimes obligatoires distincts, l'un fonctionnant toujours en répartition mais basé désormais sur les comptes notionnels (86% des cotisations) tandis que les 14% restants alimentent des comptes financiers individuels utilisant la technique de la capitalisation.

- *Les comptes notionnels :* chaque assuré social dispose d'un compte personnel dans lequel sont créditées ses cotisations retraites ainsi que celles de son employeur. Ce capital, accumulé tout au long de la vie active, est converti à l'âge de la retraite en une rente viagère, qui dépend de quatre facteurs : le montant des cotisations accumulées, l'âge de départ à la retraite, l'espérance de vie à cet âge.

La Suède est donc passée d'un système de prestations définies à un régime de cotisations définies. Dans le nouveau système, il est tout d'abord tenu compte du niveau des recettes attendues pour fixer celui des prestations, en se réservant le droit d'ajuster les pensions en fonction de l'état des finances. Le compte notionnel étant virtuel, le régime continue bien à fonctionner par répartition, les cotisations encaissées chaque mois finançant les pensions des retraités. Le taux de cotisation stabilisé est de 16% du salaire brut (dont 7 acquittés par le salarié) et l'assiette de cotisation est très large (revenu maximum pris en compte =35900 euros), sachant que toutes les indemnités sont sujettes à cotisation

Le système est individualisé. Tout au long de sa vie active, la somme des droits à la retraite forme un capital qui évolue selon trois paramètres: le taux d'actualisation (index représentatif de la progression du salaire annuel moyen, cette valeur pouvant être corrigée de façon défavorable en fonction du taux de rendement implicite assurant la pérennité du régime lorsque le mécanisme d'équilibrage est à l'œuvre), les gain hérités (non consommés par des personnes décédées prématurément), et les coûts de gestion, qui demeurent faibles.

- *Le mode de calcul de la retraite*

Les retraites sont calculées en divisant le solde du compte décrit ci dessus par un coefficient de conversion afin d'obtenir un montant annuel de pension. Ce diviseur reflète l'espérance de vie de la tranche d'âge à laquelle appartient le nouveau retraité. Selon l'âge de départ à la retraite, des minorations ou des majorations peuvent s'effectuer. Si l'espérance de vie continue à augmenter comme cela est le cas actuellement, maintenir un niveau fixe de pension suppose de retarder son départ à la retraite. Le calcul de la valeur du coefficient de conversion prend aussi en le taux de croissance attendu du revenu moyen par tête. La revalorisation des retraites dépend également des performances de l'économie suédoise.

Il existe une grande flexibilité dans l'âge de départ à la retraite, puisque la liquidation des pensions peut s'effectuer entre 61 ans et 67 ans, l'âge de départ influant sur le coefficient de conversion.

- *La capitalisation*

La partie capitalisation individuelle est alimentée par une cotisation égale à 2,5% du salaire et est versée par l'employeur. Si la collecte demeure assurée par le service public, l'assuré social peut choisir de répartir ses cotisations entre plusieurs gestionnaires de fonds différents (cinq au maximum). En l'absence de choix, l'État confie au "7ème fond national de retraite", géré par une agence gouvernementale, les cotisations.

- *Les pensions garanties*

Comme en France, une pension garantie financée par le budget de l'État assure un niveau minimum de ressources aux assurés sociaux qui n'ont eu que de très faibles revenus professionnels, voire aucun. Cette prestation est versée aux personnes de plus de 65 ans dépourvues de droit propres ou en complément de manière à atteindre un montant de pension total égal à 9500 euros par an. A noter que l'obtention de cette pension est conditionnée au fait d'avoir résidé 40 ans en Suède entre 16 et 64 ans. De nombreux retraités en bénéficient, au moins partiellement (30% de la classe d'âge 1938)

Ce mécanisme est de conception purement suédoise. L'idée de départ revient à un groupe d'expert travaillant avec les partis politiques. Malgré la lenteur du processus de réforme, le résultat final apparaît très proche des projets initiaux. La réforme fut adoptée en 1998 par près de trois quarts des députés du Riksdag. Sept ans plus tard, la question fait toujours l'objet d'un large consensus national et même d'une légitime fierté. En effet, le nouveau système garantit un équilibre financier pérenne, préserve l'équité entre les générations, assure une transparence de l'effort contributif et garantit une pension minimum. La banque mondiale a qualifié ce modèle de "*modèle à retenir pour les pays confrontés aux besoins impérieux de réforme*".

Les autorités suédoises ont unanimement fait part de leur refus de prendre en compte de la pénibilité en mettant en avant trois arguments principaux : des métiers autrefois pénibles le sont moins aujourd'hui, le refus de distinguer les assurés sociaux entre eux, au nom de la solidarité, le risque de pénaliser les femmes (les femmes vivent aujourd'hui plus longtemps que les hommes). Pas de régimes spéciaux donc au nord de la mer Baltique...

Sommaire